中小企業&資産家のための

税目別
誤りやすい税務への対応Q&A
【第2版】

早稲田大学教授・税理士
伏見 俊行 [編著]

ぎょうせい

◆ はじめに ◆

「民免れて恥ずることなし」これは、論語の一節です。孔子は、「為政者は法律や罰則により人民を従わせようとすれば人民はいかにしてその統制から逃れるかを企むことになり、官民の関係は信頼のない対立関係を続けることになる。真に正しい為政は、法や刑罰で従わせるのではなく、人民に徳と礼を伝え、人民が自ら恥じることを知り、自主的に正しい行動に向かうよう誘うことである」と説いています。

本書は、単に税務対応の留意事項を紹介し、税務当局への対抗策を提供するものではありません。円滑な税務対応のために、重要な税情報を提供すると同時に、納税者が自発的に適正な税務対応を行うために役立つ情報を提供し、納税者と税務当局との信頼関係を築き、双方がウイン・ウインになるための知恵を提供することを目的としています。まさに論語で説かれた話に通ずるものです。納税者と税務当局は対立関係にあるのではなく、相互に理解し、信頼し、協力する関係であることが理想であり、官民力を合わせてそういう環境作りを続けていく必要があります。「納税者（あなた）良し、税務署良し、世間（皆）良し」の三方良しの実現。そのために少しでも役立つことができれば、本書を執筆した意義があると思います。

本書は3部から構成されています。第1部では、日本の税制、税務執行全般を紹介するとともに、税務対応の総括的なポイントを紹介しています。

第2部では、主要な税の概要、留意事項、課題などを紹介しています。所得税、法人税、消費税、相続・贈与税、国際課税といった主要な税分野を取り上げるとともに、特定分野として関心の高い事業承継税制や移転価格課税についても、独立した項目として紹介しています。また、各項目で取り上げる税務対応の留意事項は、税解釈や税務手続き

に当たり特に重要な事項、誤りやすい事項、質問の多い事項などについて、Q&A（質疑応答）の方式で分かりやすく解説しており、特に中小企業、会社オーナー、海外に進出している企業あるいは今後海外進出を予定している企業にとって有用な情報を提供しています。第2部の執筆担当者は、後述するように国税庁、国税局で各分野の責任者として活躍した元国税幹部の皆さんです。

さらに、参考資料として、企業にとって税とともに問題の多い人事管理、社員の教育・研修に役立つビジネス・マナーのポイントを紹介しています。

人の縁は有難いものであり、大切にする必要があります。筆者は国税庁で30有余年、大学の教授として10年余り、税務に関わってきました。この間、上司にも同僚にも恵まれ今日に至っています。特に、今回本書の執筆に参加いただいた皆さんは、その道の屈指の専門家であるとともに、私が長くお付き合いをいただいた友であり、苦労を共にした戦友でもあります。

国税庁の国際課税の草創期とも言える昭和60年代から国税庁調査査察部調査課を中心に苦楽を共にした澤田耕氏は、まさに私の最も古い戦友の一人です。同氏はその後東京国税局国際監理官として国際課税の現場を指揮するなど、国際課税の分野で知らない人はいない存在です。

平成21年からの2年間、筆者が国税庁広報広聴官の時代に、東京国税局広報広聴室長であった金森勝氏、関東信越国税局広報広聴室長であった与良秀雄氏、名古屋国税局広報広聴室長であった井口眞孝氏は、マスコミ、世間への対応の最前線で指揮官として働き、苦難を共に乗り越えてきた仲間です。三氏は各国税局の有能な幹部であったとともに、それぞれ法人税、資産税、所得税のプロ中のプロでもあります。

平成の前半の時代に国際税務、特に国税庁の国際業務や相互協議の職場で共に国税外交を担当した仲間が小林正彦氏です。同氏は、特に

移転価格課税対応のプロであり、現在iTAX税理士法人の代表社員として活躍しています。また、筆者が代表を務める日本-インドネシア税務交流会の事務局長としても尽力してもらっています。

　髙藤一夫氏は、国税庁課税部資産評価企画官を最後に国税庁を退官した資産税のプロであり、与良氏と共に、日本における最も信頼のおける相続税・贈与税・事業承継税制分野の専門家の一人です。

　吉田美香子氏は、元国税庁提供テレビ番組の司会を務めた経験を有するアナウンサーであり、著者が現役の役人時代から交流を持つ人物でしたが、むしろ退官後、平和と社会貢献の大切さを伝える朗読劇「未来へ」の語り部として、また主宰者として一緒に活動してもらっている同志です。なお、同氏は社会人として必須であるビジネスコミュニケーションマナー、意識改革の専門家でもあり、現在、企業の幹部や社員向けに教育、研修、セミナーを全国各地で実施しています。

　以上、各氏は私にとってかけがえのない旧友であり、同時にそれぞれの分野でのトップランナーと言える皆さんです。本書を通じて、読者の皆様に、その存在を是非知っていただきたいと思います。

　最後に、本書の出版に尽力いただいた株式会社ぎょうせいの皆様に心より感謝申し上げます。

　令和6年3月

伏見　俊行

目　次

第1部　税務対応のポイント

第2部　税務対応の留意事項Q&A

参考 おさえておきたいビジネスマナー 10のポイント

執筆分担と執筆者紹介

税務対応Q&A一覧

第1部
税務対応のポイント

主な税務対応（共通）のポイント

1. 税の主役は納税者
2. 「税務署は敵ではなく味方」〜納税者良し、税務当局良し、世間良しがゴール〜
3. まず税務組織を知ることから
4. 税務行政を知る〜税務当局は何に重点を置いているか〜
5. 「事前（申告前）対応が最善、事後（税務調査）対応は最悪」
6. 税務調査は定期診断〜健全な納税者には安心と信頼獲得の機会、悪徳者には畏怖の機会〜
7. 課税後の対応のポイントと納税者救済手段
8. 税務専門家の活用
9. 「ビジネスマナーから学ぶ税務対応の基本」
10. 「租税法律主義が大原則、されどその前に徳治あり」

1. 税の主役は納税者

Q1 かつて「民は依らしむべし、知らしむべからず」という統治や徴税が行われた時代があったと思います。今でも、税務では税務署が「御上」で、納税者はそれに従う立場と考えられているのでしょうか。

A1 はるか昔には、論語の言葉を誤って引用し、上意下達、いわゆる愚民政策での統治、税務が行われていた時代もありました。しかし、今日の民主主義、申告納税制度の下では、そのような考え方は採られていません。「税の主役は納税者、皆さんです。」もっとも、孔子の言葉（論語）は、為政者は民からの信頼、尊敬を得て、民が自ら行動することが望ましく、為政者が法やルーツを知らしめ強制的に従わせるべきものではないことを説いたものです。今日の税務も、この孔子の正しい教えに沿うことがゴールでしょう。

税（税務行政）は、税制、税務執行（税務当局）そして納税者の3つの要素から成り立っています。そして、①税制の適法・適正な制定と周知、②税務執行の適正・公平・効率的な実施、③納税者の自発的・適正な申告納税が、税務行政の発展にとっての重要なポイントです。

税（税務行政）の3要素

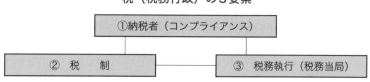

このうち、民主主義の申告納税制度の下では、納税者のコンプライアンスの確保が最も中心的な要素と言えます。申告納税制度の下では、納税者が主役であり、税務当局はその助演又は舞台裏を預かる裏方、税制はこれらのストーリーを定めるシナリオと言えるかもしれません。

「税の主役は納税者」という言葉には4つの意味があります。
①税の使い道への関わり（政治・財政への関心）、②税使用（公的支出）の最小化への関わり（例えば、国民の自助協力（環境・エネルギー・福祉などの公負担の縮減への協力））、③納税への積極的な協力（自主・適正申告納税、脱税・租税回避行為の防止・自粛、積極的な納税姿勢）、そして④税務行政への積極的な協力（自主・適正申告納税を通じた徴税コストの縮減のほか、さらに能動的な納税協力活動や租税教育活動の推進など）です。特に、③と④の行動は、納税者が直接貢献できるものであり、主役としての納税者の役割を身近に感じることができるものでもあります。

今日の申告納税制度の下では、納税者の主体的な動き、協力が何よりも重要であり、そうした納税者の動きの状況が、税務行政の成熟度を測る上でのメルクマール（判断基準）になるでしょう。

2.「税務署は敵ではなく味方」〜納税者良し、税務当局良し、世間良しがゴール〜

Q2 納税者にとって税務署は敵でしょうか。税務署の取扱いに異議を唱え、対抗し、税務署を論破する、あるいは訴訟を勧め当局を打ち負かす専門家が評判になることがありますが、それでよいのでしょうか。そもそも納税者と税務署が対立関係にあると決めつけることには疑問がありますが、いかがでしょうか。

A2 人によって見方は変わります。税務署を敵とみなす方もいると思います。しかし、将来につながる安心安全で間違えのない税務対応を望み、余計な税負担やコスト負担を望まないのであれば、税務署との関係は、相互に「理解し、信頼し、協力する」関係を築くことが正解です。税務署は敵ではなく、むしろ味方であり、支援

者にすべきです。

　勝手な造語ですが、「納税非協力の4原則」は、「隠す・逃げる・無視する・戦う」。税務署が最も嫌う納税者の対応です。こうした納税者は、信頼を失い、将来にわたって税務署からはリスクのある納税者として注目されると思います。決して、得策ではありません。

　一方、「納税協力の4原則」は、「自主・適正・信頼・協力」というキーワードで表現したいと思います。納税者がこうした対応を心掛けると、税務署もその納税者への理解、信頼を高め、安心して付き合ってくれるでしょう。将来にわたって、税務署からも親身な支援、協力が期待できると思います。納税者も税務署も、基本は人と人です。将来、機械的に作業で完結する時代にならない限り、信頼関係は円滑な税務の基本になるでしょう。

　まとめます。税務対応のポイントの一つは、税務当局と納税者の関係を「対立から協力に」すること。双方にとっての税務リスクも税務コストも敵対することで最大となり、協調することで最小になるのです。

3.　まず税務組織を知ることから

Q3 税務署や国税局から税務調査等を受けることがありますが、どういう組織のどういう職員が来たのか分かりません。税務署や国税局の担当組織などを教えてください。

A3 「彼を知り、己を知れば　百戦危うからず」（孫子：謀攻）。有名な孫子の兵法です。己を知ることの大切さは、別掲しましょう。ここでは、彼を知ることの大切さを説明します。税務での彼は、一つは税制、もう一つは税務執行機関でしょう。税制は頻繁に変わり、これを知ることは大変ですが、公開された情報でもあり、自ら

知ることも良し、専門家の力を借りることも良いでしょう。

もう一つの彼ですが、これは、案外知らない人が多いようです。実際に、納税者と関わりを持つ相手は、税務署、国税局の職員です。その組織と職員について、大まかな知識を得ておくことは必須です。

国税の組織は、次の3層構造です。

① 全国を統括する国税庁。千代田区霞が関の財務省ビルの5階にあります。

② 各地方を分割して管轄する11国税局（札幌、仙台、関東信越、東京、名古屋、金沢、大阪、広島、高松、福岡、熊本）と沖縄国税事務所

③ 納税者の申告納税の窓口になる全国524の税務署

一般の納税者と関わりのある機関は、このうちの税務署と国税局等です。税務署は、規模により構成が多少異なりますが、基本的には、税務署長（と副署長）の下に、次の担当部署が設置されています。

総　　務　　課：税務署全体の総括事務、広報事務、税理士会・関係民間団体との関わりなど

管理運営部門：納税者の納税管理業務など

徴　収　部　門：滞納整理に関する仕事

個人課税部門：個人に関する所得税及び消費税に関する仕事（税務調査を含む）

法人課税部門：法人に関する法人税、消費税及び源泉所得税に関する仕事（税務調査を含む）、そのほか酒税、印紙税などの間接諸税に関する仕事

資産課税部門：相続税、贈与税、所得税のうち譲渡所得に関する仕事（税務調査を含む）

以上のほか、高額の税務調査や滞納整理を担当する特別国税調査官、特別国税徴収官などの専門部門が設置されています。

国税庁は、平成3事務年度から一部の税務署で、内部事務を業務セ

ンターで集中処理する運営を始めています。例えば、申告書の入力事
務や申告内容の照会については、税務署ではなく、業務センターで実
施されます。したがって、納税者から電子申告や業務センターへ郵送
された申告書等は電子処理され、、その情報が税務署に共有され、そ
の後、税務署の各担当部署で処理されることになります。そして、課
税上の問題がある場合などには、担当部門の職員により税務調査が行
われます。

　なお、各部門の職員の職責としては、概ね次のようになっています。
総務課：総務課長、総務課課長補佐、係長、事務官
その他の各部門：統括国税調査（徴収）官、上席国税調査（徴収）官、
　　　　　　　　　国税調査（徴収）官、事務官

　次に、国税局等の組織や職員について説明します。国税局等には、
主として税務署の管理監督を行う仕事と、直接納税者に調査や滞納処
分を実施する仕事があります。納税者が関わる部署としては次のよう
な組織があります。

調査部：原則として資本金1億円を超える大法人等の税務調査
査察部：脱税事案に対する調査（査察）
課税部資料調査課、機動課：税務署の税務調査事案のうち、複雑困難
　　　　　　　　　　　　　　な事案の税務調査
徴収部：大口滞納の滞納整理

　以上の組織と職責を理解し、税務署や国税局と関わる場合には、ど
の部署のどういう職責の職員が相手であるかを知ることが重要です。
税務対応の基本です。

4．税務行政を知る〜税務当局は何に重点を置いているか〜

Q4 　税務組織は、納税者への対応をどのように考えています
か。税収確保や厳格な税務調査が、税務行政の目的ですか。
何に重点を置いていますか。

A4 　まず、税務組織の仕事（使命）、基本的な運営方針から紹介
しましょう。

　日本では、申告納税制度を採用しています。この申告納税制度が適
正に機能するためには、納税者が高い納税意識を持ち、憲法・法律に
定められた納税義務を自発的かつ適正に履行すること（いわゆる納税
者のコンプライアンスの向上）が必要です。

　そのため、日本の税務組織は、①「納税者サービス」の充実と、②
「適正・公平な税務行政の推進」を2つの柱として取り組んでいます。

　まず、納税者が自ら正しい申告と納税が行えるよう、納税の意義や
税法の知識、手続についての広報活動や租税教育をはじめ、税務相談
や税務手続における利便性の向上など、様々な納税者サービスの充実
を図っています。

　また、納税者の申告内容を確認したり、正しい申告へと導いたりす
るために、的確な指導と調査を実施するとともに、国税が期限までに
納付されない場合には、自主的な納付を促し、滞納処分を実施するな
ど、確実な税金の徴収も行っています。

　以上のとおり、税務組織は、親切丁寧に納税者への支援やサービス
を提供する顔と、適正公平な課税を実現するため厳格な姿勢で税務調
査や滞納整理を実施する顔という、2つの顔を持っています。

　税務署、国税局のことを、厳しく税金を取り立てる機関として考え
ている方が多いかもしれません。確かに、税務調査は、納税者の申告
内容を帳簿などで確認し、申告内容に誤りがあれば是正を求めるもの

であり、特に悪質な納税者に対する税務調査には日数を十分かけるなど重点的に取り組んでおり、悪質な納税者にとっては、厳しく恐ろしい組織です。しかし、大多数の納税者にとっては、むしろ支援、サービスを提供するための機関であり、何も恐れる相手ではありません。実際に、長年の間、最も親切な行政機関の一つとして、評価されている組織です。

また、税務署は税収確保のため、無理な課税を実施しようとするという批判を聞くことがあります。しかし、今日、日本の税務組織は、税収確保をノルマとして圧力を受けることはなく、過大な税負担を納税者に強いることはあり得ません。ノルマがあるのではないかと感じることがあるとすれば、それは、ノルマのためではなく、課税に理由があるためか、税務職員が真面目であるためか、納税者と税務職員の間に「理解・信頼」の関係がないためでしょう。

とは言え、厳正的確な税務調査を実施していることは事実です。そして、そのために、毎年、重点的な税務調査や査察調査のターゲットを絞り、公平の確保、正義の実現のために、日々努力を続けています。したがって、今、税務組織が、何に重点を置いて仕事をしているかを知っておくことは有効です。事務系統により、また都市によりそのターゲットは異なりますが、近年の重点対象としては以下の取引や納税者に注目していることが、公表されています。これらの対象に該当する納税者は、より一層適正な申告納税に努めることをお勧めします。

　・富裕層　・多国籍企業　・無申告納税者　・消費税不正還付
　・国際取引
　・急成長ビジネスなど社会的に関心を持たれる、あるいは社会的に
　　影響の大きい事業や取引

5.「事前（申告前）対応が最善、事後（税務調査）対応は最悪」

Q5 「税務対応の一番大切なポイントは、税務調査にどう備えるかです」というアドバイスをよく聞くのですが、それで良いのでしょうか。

A5 医療では予防医学が一番、初期治療が二番、重篤化後の外科対応は最悪という話があります。納税者にとっても、事前の問題発生防止策が一番、申告前後の早期是正は第二、問題発生後の税務当局との対応は最悪の対応です。問題発生前の事前対応、未然防止策に最大の力点を置いてください。

　問題が起きてからの解決の難しさ、力技での解決は極めて困難であることを経験されている方が多いと思います。なお、問題の未然防止が最重要という話は、医療や税務行政の話のほか、政治外交問題、ビジネス対応など、いろいろな分野で通じる話です。

Q6 事前対応のポイントを教えてください。

A6 本書の目的は、所得税、法人税、相続・贈与税、消費税、国際税務といった主要な税や税務で、不要な税務問題を起こさないために、どのような対応をしたらよいか、正に事前対応についての助言や支援をすることです。各税目等での対応策については、第2部のQ&Aやチェックポイントをご覧いただきたいと思います。ここでは、企業やオーナーが取り組むべき基本的な姿勢や対応について紹介します。

　国税庁は、納税者の自発的な税務対応を支援するために、長年納税者に種々のアドバイスや指導を行ってきました。中でも、この10年

余り、大企業の税に関するコーポレートガバナンス（税CG）の充実のための支援に力を入れています。ここでは、企業に提示した税CGのチェックポイントの主なものを紹介します。

〈税務当局が税務に関するコーポレートガバナンスについて確認する事項〉

① トップマネジメントの関与・指導の実施状況

② 経理・監査部門の体制・機能の整備の実施状況

③ 内部牽制の働く税務・会計処理手続の整備の実施状況

④ 税務に関する情報の社内への周知の実施状況

⑤ 不適切な行為に対するペナルティ（組織内懲罰）の適用の実施状況

　大企業向けに提供したチェックポイントですので、中小企業や個人事業者などの納税者には当てはまらない内容も多々含まれていますが、トップマネジメントが主体的に税に関心を持ち、自ら理解した上で対応すること、税務の重要性を認識し重い仕事の一つとして位置付けること、税務を会計担当だけの仕事と考えず従業員皆が関わっている仕事であることを理解すること、税に関する情報はトップも従業員も共有し不適正な税務処理を起こさないように努めることなどは、企業の規模、個人・法人を問わず、必要な基本的な税務対応、事前対応です。

6. 税務調査は定期診断〜健全な納税者には安心と信頼獲得の機会、悪徳者には畏怖の機会〜

Q7　「税務署は怖いところ、特に税務調査は一番怖い、嫌な仕事です。」調査官は税収確保のため、必ず追徴課税してくると聞いています。税務署や、税務調査に対する心構えについて、アドバイスしてください。

A7 善良な納税者の皆さんであれば、税務調査は、「定期健康診断」あるいは、将来重篤な病気にならないように、軽微な治療をしてくれる機会と考えてください。

税務行政の最前線である税務署は、善良な納税者へ最大限の支援を提供するとともに、悪徳な納税者に対しては、善良者との公平の確保のため厳格な税務調査や徴収を行っています。税務署には二面の顔があると言われるのは、この2つの仕事を行っているからです。「正直者には親しまれる組織であり、悪徳者には恐れられる組織」なのです。善良な一般の納税者の皆さんは、税務署を何ら恐れる必要はありません。

アドバイスを一つ。税務署も国税局も限られた人員で適正公平な課税を確保するために働いています。税務調査の対象になるということは、何らかの理由があるということです。例えば、以下の、売上除外、過大（架空）仕入、架空（過大）経費（外注費・人件費・手数料等）といった理由により、課税上問題となる事実が想定されているということです。税務調査の実施連絡があった場合には、なぜ税務調査に来るのか、何か問題はなかったかなど、まず自己チェックをしておく必要があります。

〈課税上の問題が想定される例〉
- 収集された種々の資料や情報から課税上の問題が想定される。
- 事業の実情、同業他社の景況に比べて、決算や申告の状況が低調である。
- 実態の不明な多額の経費支払いや損失の計上がある。
- 事業規模が大きい、国内外に多くの拠点を持つ、海外との取引があるなど、課税上問題を生じやすい取引や組織である。
- 営業外の取引による損失の計上が多額である。

Q8 　追徴課税された場合などに賦課されるペナルティはどうなっていますか。脱税、申告漏れ、無申告はかえって大損というのは本当ですか。

A8 　税逃れを試み、負担を逃れようとする行為は、どの国、どの時代でもありますが、結果的に金銭的な負担も多大になり、何よりも信用の喪失につながります。刑事罰を受ける脱税であれば世間に知られることになり、信用は失われます。通常の追徴課税の場合には、税務組織の秘密保持は厳格ですので、世間に情報が漏れることはありませんが、税務機関の中では「要注意納税者」として記録され、税務当局の信頼を失い、その後の管理や税務調査も厳格に行われることが予想されます。また、納税者の組織内での信用や信頼の喪失もあるでしょう。

　なお、追徴課税があった場合のペナルティとしては、過少申告加算税、無申告加算税、不納付加算税、重加算税、延滞税などがあります。さらに、脱税事件とされ刑事罰が科される場合には、10年以下の懲役若しくは1,000万円以下の罰金又はその併科が規定されています。いずれにしても、追徴課税された場合には、決して軽くないペナルティがあることを知り、問題を起こさない対応を心掛けることです。

7. 課税後の対応のポイントと納税者救済手段

Q9 　税務署等の課税に不服があり、その処分の取消しを求めたいときには、どのような手段がありますか。

A9 　税務署長等の処分に納得できず、その処分の取消しを求め納税者の救済を図る手段としては、課税部署に再調査を求め

る方法、更に国税不服審判所に審査請求を求める方法、そして裁判所に出訴する方法があります。

　なお、負担するコストや事務量、関係者間の信頼に基づく円滑な解決手段の喪失、訴訟での解決に頼る訴訟社会の広がりで失われる税務環境など、納税者救済手段の活用が広がることは好ましいものとは思えません。

　納税者の皆さんへの最善のアドバイスは、「事前対応の重視により、問題の発生、課税処分、そして税務争訟を起こすことがないようにするようにしてください」ということです。税務当局と対立し、争い、勝利することを勧める専門家がいたとしたら、その専門家は本当に正しい仕事が何かを理解していない、あるいは利益優先の専門家であるかもしれません。

　それでも、それ以外に方法がない場合には、種々のデメリットが最小化されることに留意しながら、最終手段として考えていくことになります。

①　再調査の請求

　税務署長等が行った更正などの課税処分や差押えなどの滞納処分に不服があるときは、これらの処分を行った税務署長等に対して不服を申し立てることができます。これを「再調査の請求」といいます。再調査の請求は、原則として処分の通知を受けた日の翌日から3か月以内に税務署長等に再調査の請求書を提出することにより行います。再調査の請求書を受理した税務署長等は、その処分が正しかったかどうかを調査・審理し、その結果を再調査決定書謄本により、再調査の請求から3か月以内に納税者に通知します。この再調査は、税務署等内では、当初の処分を行った調査官等とは別の職員が担当することになっています。

　なお、この再調査の請求を経ずに、直接国税不服審判所長に対して審査請求を行うこともできます。

② 審査請求

税務署長等が行った処分に不服があるときは、その処分の取消しや変更を求めて国税不服審判所長に対して不服を申し立てることができます。これを「審査請求」といいます。審査請求は、再調査の請求を経ずに行うことができ、また、再調査の請求に対する税務署長等の判断になお不服があるときにも行うことができます。

なお、審査請求は、原則として、再調査の請求を経ずに行う場合には処分の通知を受けた日の翌日から3か月以内に、再調査の請求を経てから行う場合には、再調査決定書謄本の送達を受けた日の翌日から1か月以内に、審査請求書を国税不服審判所長に提出することにより行います。

審査請求書を受理した国税不服審判所長は、その処分が正しかったかどうかを調査・審理し、その結果を裁決書謄本により納税者に通知します。国税不服審判所での裁決は、審査請求書の提出から1年以内に行うこととされています。

③ 訴 訟

国税不服審判所長の判断になお不服がある場合には、裁判所に訴えを提起することができます。この訴えの提起は、原則として裁決書謄本の送達を受けた日の翌日から6か月以内に行う必要があります。

留意する点は、税務署等の処分に不服があるときに、直接裁判所に訴えること（出訴）はできず、必ず国税不服審判所の裁決を経る必要があるということです。これを国税不服申立て前置主義と言います。

8．税務専門家の活用

Q10　税務専門家を顧問にするなど、専門家の活用は有効でしょうか。また、専門家への費用負担はかなり大きいと聞きますが、どのような専門家を選び、どのような仕事を期待したらよいのでしょうか。

A10　申告納税制度の下では、納税者が自主的に適正に申告納税することが理想です。しかし、個人事業者の所得税、企業の法人税、相続税・贈与税、国際税務など専門性が求められる税務については、税務の専門家の支援を求めることで円滑な税務対応が期待できます。有能な専門家の力を借りることで、税務処理の円滑化、税務問題の発生の防止や円満な解決が期待できるほか、事業経営の効率化や発展、円滑な事業承継や相続の実施についての支援も期待できます。

　では、どのような税務専門家にどのような支援を期待すればよいのでしょうか。

　日本では税務の相談、税務書類の作成、税務代理行為は、税理士法で税理士の独占業務とされていますので、税理士に税務の支援を求めることになります。税理士法第1条には、税理士の使命が規定されており、そこでは、「税理士は、独立した公正な立場で、申告納税制度の理念に沿い、納税者の信頼を得て、円滑な税務行政に貢献する」旨が定められていますが、期待される税理士とは、まさにこの条文に記載された税理士ということになります。いわば、納税者良し、税務当局良し、世間良しの「三方良し」の実現のために貢献できる税務専門家が望ましいアドバイザーであると言えます。「三方良し」の中に、「税理士良し」が入っていません。これがポイントです。どの世界でも、自己の利益追求を第一に考える職業専門家が見受けられますが、納税者や税務行政への貢献者であるべき専門家が、まず第一に自分の利益

確保を考える「税理士ファースト」であるとすれば、いかがなもので しょうか。報酬は貢献の結果として発生するものであり、初めから利 得を求める姿勢の専門家は好感がもてません。

　また、税の主役、納税者と税務当局との関係、事前対象を重視する、 税務調査対応や課税後の対応が適切であり、将来の円滑な税務対応を サポートしてくれる専門家、加えて、事業経営の効率化や発展、事業 承継や相続の円滑化に貢献できる力を持った専門家であることも重要 な資質でしょう。以上のすべてを満たす専門家はなかなかいるわけで はありませんが、納税者が求める支援分野に専門性を持つ個々の税理 士に分業で力を借りる、あるいは各分野への対応が可能な税理士法人 や税理士事務所に支援を求めることでも良いでしょう。医療の世界と 同様に、税務の世界でも、日頃付き合うホームドクター的な税務専門 家、問題が発生した場合にその問題に特化した専門病院的な税理士法 人や税理士事務所、あるいは総合的に定期健診から重篤な問題の解決 まで対応できるような税理士法人など、税務専門家も規模や専門性に より特色があります。どのような税務専門家にどのような対応を期待 するかを考えることをお勧めします。

　いずれの選択に当たっても、納税者としては、得られる専門家から の貢献とそれに伴うコストとのバランスを考えることが大切です。支 援の内容に見合わない多額のコストを負担しているケースは多々ある ようです。ご参考にしてください。

　念のために、繰り返しの補足説明をします。相続税・贈与税の税務 や国際税務について相談や支援を求める場合には、それぞれの分野に 精通した税理士を選択することをお勧めします。すべての税務に精通 している税理士はなかなかいません。まして相続税等の税務や国際税 務は、特に専門性の高い難しい分野の仕事ですので、それらに特化し た専門家を活用することです。大手の税理士法人などでは各種の分野 に対応できる専門家が所属していますので、この点心配は少なくなり

ますが、担当の専門家が本当に求める分野に精通しているかは確認する必要があります。総合病院の未経験の医者より、専門病院の医者を選んだ方が安心かもしれません。

9. 「ビジネスマナーから学ぶ税務対応の基本」

Q11 税務署と接触する場合の心構えや留意事項はありますか。

A11 税務調査をはじめとして税務職員との接触も、基本は人と人の対応であり、社会一般のビジネスマナーができているか否かがポイントになります。

税務署員も人間です。面談する納税者が良い納税者だと思えば、対応は変わるでしょう。反対に、悪い納税者だという評価が行われると、調査も厳しくなる可能性があります。是非ビジネスマナーを理解し、税務対応を円滑に進めてください。

例えば、相手本位、何が大切かの見極め、笑顔、心のコントロール（6秒ルール）、第一印象作り（15秒ルール）、5分前精神（約束厳守と信頼作り）、明るく前向きなマインドセットなど、ビジネスマナーのポイントについては、後掲の「参考」で紹介していますので、参考にしてください。

10.「租税法律主義が大原則、されどその前に徳治あり」

Q12 ビジネスの世界では、「法に違反しなければ、税の最少化のため何をしてもよい」という声を聴きます。また、「法が義務づけていないのであれば社会への貢献活動は、やりたい者がすればよい」という本音を聞くこともあります。租税回避行為を巡って、租税法律主義と租税公平主義、あるいは、法治主義と徳治主義という対立があるとも聞きます。どう考えたらよいのでしょうか。

A12 孔子の言葉に「民免れて恥ずること無し」（論語、為政）というものがあります。「子曰く、之を道（みちび）くに政を以てし、之を斉（ととの）ふるに刑を以てせば、民免れて恥づること無し。之を道（みちび）くに徳を以てし、之を斉（ととの）ふるに禮を以てせば、恥有りて且つ格（ただ）し。」

　孔子の言葉は、為政者への戒めとして、法治より徳治の大切さ（政治・法律や刑罰により人民を導くことの限界。徳、モラルにより人民を導くことの必要性）を伝える言葉として理解されています。この言葉は、納税者への戒めとして読み替えることもできます。人民はルールさえ守れば何をしてもよいとする考えへの戒め（法の前に徳あるべき）というものです。

　今日の社会では法治主義が大前提であることは言うまでもありません。しかし、昨今、「ルールさえ守っていればよい」、あるいは「法を巧に利用し、自分だけ得すればよい」という利己主義的な行動が一部で行われています。本来、ルールは秩序、公平、予測可能性等の確保のための一便法として導入されたものであり、絶対的真実を示すものではないと考えます。ルール万能、ルールに全面的に頼ることの危うさを常に念頭に置き、ルール（法）を超える更に重い徳（モラル）の

重要性を認識していくことも大切なことです。

「税は取られるもの」という思いが一般的であるかもしれません。この税についての定着した発想を変えていくことも今後の大きな課題です。脱税や租税回避行為の否定、是正は言うまでもありません。そして、節税も適切な範囲で度を超さないことが賢明であると考えます。たとえ法律がないから、法律が許すからと言って、世間が不信、不快、不満に感じる節税行為は徳治の世界を逸脱したものです。税に反意をもち、あるいは税を受身に考えるのではなく、税を社会貢献の最大、最良、象徴的な手段として捉える意識が広がることを期待したいものです。」（拙著『税と社会貢献入門』（ぎょうせい）の「はじめに」及びコラムより）

昭和24年（1949年）6月、国税庁開庁式で、その創設に尽力したハロルド・モス氏は「公平で円滑な税務行政の実現のためには強力にして能率的かつ誠実なる専門的行政機関の存在が必要であり、そのために国税庁が必要とされた」ことを述べました。そして、最後に新しき国税庁に一つのスローガンを贈りました[1]。

「正直者には尊敬の的、悪徳者には畏怖の的（Respect among the honest, Fear among the dishonest）」

このスローガンで、脱税者、違法行為者とは言わず、「悪徳者（dishonest）」という言葉を選んだ意味を心に留めたいものです。法を逃れる脱税者だけでなく、合法的であっても徳のない租税回避行為者に対しても、畏怖される税務組織になることを勧めたのです。 税務職員の間には知られているスローガンですが、税務職員も納税者一般にも、ハロルド・モス氏の言葉の真意を再認識し伝承していく必要があります。

---

1 伏見俊行著『それからの特攻の母』（2013年8月、大蔵財務協会）184ページ

COLUMN

「当たり前」と「自分だけ良ければ」への戒め

　昨今の風潮になっていると思われる2つの考え方に対し私見を述べます。

　まず、今の日本は、世界の中でも、人類の歴史の中でも、最も平和で繁栄し、幸福な時代を送っている国の一つであると言えるのではないでしょうか。そして、そのことを「当たり前」のこと、当然のこととして捉えていないでしょうか。その思いの危うさについてお伝えしたいと思います。

　平成27年（2015年）9月に国連サミットで、SDGs（「持続可能な発展のための目標」Sustainable Development Goals）が採択され、その目標を令和12年（2030年）までに達成するために世界各国が努力することとされました。日本でも政府の未来政策の柱として位置付けられ、特に産業革新、地方創生、女性活躍社会の実現など、経済成長政策の柱として官民を挙げての取組みが始まっています。世界各国、人類が目指すべき究極の目標として掲げられ合意されたものであり、すべての国、企業、人々がその達成のために活動していくものとなっています。

　このSDGsが掲げる貧困、飢餓、健康、教育、水、エネルギー、経済、産業、平等、住まい、環境、平和、公正など、どれも今の日本人にとっては当たり前であり、当然用意されているものと考えていないでしょうか。それが、世界の中でいかに稀であり、かつて日本人がどれだけの苦労をして手に入れ、守ってきたか、忘れられていないでしょうか。その苦労を知らないこと、忘れることが、いかに危険なことであるかは、歴史が証明しています。拙著「それからの特攻の母」[2]、そして朗読劇「未来へ」[3]の中で鳥濱トメさんは語っています。「皆さん、忘れないでください。今の平和、繁栄、幸せが昔々の人々の悲しみ、苦しみ、苦労によって作られ、引き継がれてきたことを……」

　もう一つの戒めは「自分だけ良ければ」という思いが世界に蔓延

---

[2]　伏見俊行著（2015年、大蔵財務協会）
[3]　朗読劇「未来へ」HP（https://www.miraihe.org/#!）

し、結果としてSDGsの達成を妨げていることです。国も、人々も自国ファースト、自分ファーストを追い、格差問題の拡大、環境の破壊、平和喪失への道を進んでいます。生物は生きるために他を犠牲にし、争います。しかし、人類だけは、他の犠牲に感謝し、共存共栄を求める心を得ました。それが人類が他の生き物と違う点でしょう。生物の本性と言えばそれまでですが、今の人類は生物の本性を優先し、人類が得た徳の思い、行動を放棄し始めています。弱肉強食、自己本位から、共存共栄、協調、思いやりの社会、世界を築いていくことを一人一人が思い、行動していくことを望みたいものです。

そして、SDGsが人類の目標とすれば、その達成のための柱となるものが税であり財政です。皆の力でSDGsを進めていくためには、健全財政がエンジンであり、エネルギー、土台になります。国民一人一人が税を通じた貢献、あるいは税負担以外での貢献により、より良い社会、国、地球を築いていくことを期待したいと思います。

近代日本経済の祖、渋沢栄一翁は、著書『論語と算盤』で次の戒めを残しました。

「真正の利殖法は、仁義道徳に基づくものでなければならない。そうでなければ、永続するものではない。」

「多く富を得る者は自分一人でその富を得たと思うのは間違い。社会、国、人々の力があって得られた富である。だとすれば、富を多く得た人は進んでその富を社会に還元するように努めるべきである。」

大企業、富裕層には、是非積極的にSDGs活動を先頭に立って進めてもらいたいものです。同時に、応分の税負担には率先垂範の姿勢で取り組み、自分ファーストでの税回避は厳に謹んでもらうことを望みます。それが現下の税制上許されるとしても、世論がおかしい、けしからんと思う行動は控えてほしいものです。また、世論には、SDGsへの貢献活動を大いに称賛するとともに、仮にSDGs活動を積極的に実施していたとしても、税を適正に申告納税していない納税者に対しては厳しい評価を下すことを望みたいと思います。

2020年4月号月刊『税理』（ぎょうせい）記事「税・財政問題とSDGsを考える〜財政再建、SDGsへの対応は「覚悟」の問題〜」より抜粋

第 **2** 部

税務対応の
留意事項Q&A

① 所得税の対応

(1) 所得税の概要

〈所得税の特徴〉

　所得税は、原則として個人の所得（収入から経費を差し引いたものをいいます。）を対象とした税金で、消費税とともに国民にとって最も密接な税金といっていいでしょう。

　所得税の特徴としては、①非課税・免税とされる所得を除いた国外も含む全ての所得を総合（合計）して、所得の額（担税力）に応じた課税を行うという「所得の総合」、②所得の増加に応じて、その増加部分に順次高い税率を適用する「超過累進税率」の採用、③災害等による被災の状況や扶養親族の状況、さらには、医療費の負担や心身の障害の有無等「個人的な事情への配慮」など、様々な所得の稼得手段や個々人の多様な生活態様がある中で、可能な限り負担の公平を図ろうとする租税といわれています。

　加えて、所得税は、納税者自身が税法に従って所得と税額を計算・申告し、納税をするという「申告納税制度」を採用していますが、これも大きな特徴です。

〈所得税計算のしくみ〉

　所得税計算のしくみは、非課税や免税とされる所得を除き、その年の1月1日から12月31日までの1年間の全ての所得を、その所得の性質ごとに10種類に区分し、各所得ごとに定められた計算方法により所得金額を算出し、複数の所得があれば各所得を総合し、更に、「損益通算」や「純損失又は雑損失の繰越控除」があればそれらを適用して課税標準（総所得金額）とします。

　次に、個人的な事情を税負担に反映させるために所得控除額を算出します。

　所得控除は、①雑損控除、②医療費控除、③社会保険料控除、④小規模企業共済等掛金控除、⑤生命保険料控除、⑥地震保険料控除、⑦寄附金控除、⑧障害者控除、⑨寡婦控除、⑩ひとり親控除、⑪勤労学生控除、⑫配偶者控除、⑬配偶者特別控除、⑭扶養控除、そして⑮基礎控除の15種類が定められています。

　続いて、総所得金額から所得控除額を差し引いた額（課税所得金額）に税率を適用して税額を算出（税額控除も適用）して負担すべき所得税額とします。

　なお、平成25年から令和19年までの間は、2.1％の復興特別所得税も併せて負担することになります。

　最後に、給与所得等で源泉徴収された税額や予定納税額があればそれらを差し引いた額が申告所得税額として、確定申告の際に納税（源泉徴収額が過大であれば還付）する税額となります。

　所得税や復興特別所得税の確定申告期間は、2月16日から3月15日で納税もその間に行います。また、還付申告の場合には、1月から申告書を提出することができますし、3月15日を過ぎても申告が可能です（5年間提出できます。）。

⑵　所得税対応の留意事項Q&A

 Q1　所得税法上の所得の種類や内容を教えてください。

A1　所得税法は、10種類の所得区分を基本に、所得金額や税額の計算方法を定めています。

所得区分	内　　容	備　　考
利子所得	①預貯金や公社債の利子、②公社債投資信託や合同運用信託等の収益の分配金等による所得	海外の金融機関の預金利子等を除く大部分の利子所得は源泉分離課税であり申告不要
配当所得	①法人から受ける利益や剰余金の配当、②出資に対する剰余金の分配、③相互保険会社の基金利息、④投資信託の収益の分配等による所得など　必要経費として、株式等の元本取得に要した負債の利子の控除が可能	特定口座を利用した申告不要制度（源泉徴収だけで課税完結）や1銘柄1回の配当金額が10万円以下の場合の少額配当の申告不要制度も選択可能
不動産所得	①土地、建物等の不動産、②地上権、借地権等の不動産の上に存する権利、③船舶（総トン数20トン以上）又は航空機の貸付けによる所得　収入金額から必要経費を控除して所得金額を算出、青色申告も選択可であるが、貸付規模によって取扱いが異なる	不動産所得の金額の計算上生じた損失のうち、土地等の取得のための負債の利子に相当する部分については生じなかったものとみなされる
事業所得	農業、漁業、製造業、卸売業、小売業、サービス業などを個人で営んで得られる所得　収入金額から必要経費を控除して所得金額を算出する	時間貸し駐車場など、不動産の使用に加えてサービスや管理などの役務提供が加わる場合には、不動産所得ではなく事業所得や雑所得となる
給与所得	給料・賃金や賞与などの、雇用契約等に基づいて労務の対価として雇用主から支払いを受けるものをいう　収入金額から給与所得控除額を差し引いて所得金額を算出するが、特定支出（通勤費、転居費、研修費、資格取得費、勤務必要経費などをいう。）の額が給与所得控除額の2分の1を超える場合には、その超えた額を加えて控除することも可能	役員報酬は法人との委任契約となるが、給与の性質を有するものとして給与所得に該当　一定の金額を給与所得の金額から控除するという所得金額調整控除が適用されるケースあり^(注1)
退職所得	退職金など退職によって一時的に受け取る手当のほか、退職に基因して支給される一時金や確定給付企業年金法に基づく一時金、小規模企業共済契約に基づく共済金なども退職所得となる　収入金額から勤続年数によって定められている退職所得控除額を差し引いた残額に、さらに2分の1をして所得金額を算出する^(注2)	被相続人の死亡により相続人等が受ける退職金等は相続税の対象となり所得税は非課税となる　退職金の支払者に「退職所得の受給に関する申告書」を提出することにより所得税等が源泉徴収される
山林所得	山林（取得から5年超のもの）の伐採譲渡や立木譲渡による所得　総収入金額から必要経費を控除し、さらに最高50万円の特別控除額を差し引いて所得金額を算出する	取得5年以下のものは事業所得又は雑所得となる　取得から15年を超える場合には、50%の概算経費控除の適用も可能

所得区分	内　　容	備　　考
譲渡所得	土地建物等の不動産、株式等の有価証券、書画骨董、事業用の減価償却資産など、資産を譲渡（交換、競売、株式の合併交付金等なども含む。）した場合の所得をいう	譲渡所得は、譲渡する資産の種類等によって課税方法や税率が異なる^(注3)
一時所得	上記各所得に該当しない所得で、①営利目的の継続行為から生じた所得以外の、②一時の所得で、③労務その他の役務や資産の譲渡の対価としての性質を有しないものをいう　最高50万円の特別控除額を控除して算出したうえで、その2分の1をしたものが総合課税の対象になる	具体例：懸賞・賞金・賞品、競馬等の払戻金（営利目的の継続行為は雑所得）、生命保険の満期保険金や損害保険の満期返戻金、法人から贈与された金品、ふるさと納税の返戻品など
雑所得	他の各所得のいずれにも該当しない所得（バスケットカテゴリー） 　①いわゆる公的年金は、雑所得に区分され、年齢や収入金額に応じた金額を控除して公的年金等雑所得金額を算出する 　年金の収入金額が400万円以下で他の所得が20万円以下の場合には申告は不要 　②その他の雑所得は、収入金額から必要経費を控除して所得金額を算出 　青色申告や赤字が発生した場合の損益通算などは適用できない 　公的年金等の雑所得とその他の雑所得を合算する	公的年金以外の雑所得の具体例：生命保険契約等に基づく年金、所得税等の還付加算金、作家等以外の人が受け取る原稿料や講演料等、金融業者等以外の人が行う金銭の貸付による所得、ビットコインなどのいわゆる暗号資産の売却や使用で生じた利益など

（注1）所得金額調整控除

　①　子ども・特別障害者等を有する者等

　　23歳未満の扶養親族を有する者又は本人・同一生計配偶者・扶養親族が特別障害者に該当する給与所得者で、給与等の収入金額が850万円を超える場合には、給与所得控除額に加えて所得金額調整控除が適用される。

給与等 収入金額	所得金額調整控除額	給与所得 控除額	合　　計
850万円超 1,000万円以下	給与等収入金額× 10%－85万円	195万円	給与等収入金額× 10%＋110万円
1,000万円超	15万円	195万円	210万円

　②　給与所得と年金所得の双方を有する者

　　給与所得と公的年金等に係る雑所得の金額がある給与所得者で、その合計額が10万円を超える者については、給与所得控除額に加えて所得金額調整控除が適用される。

　　（給与所得控除後の給与等の金額（10万円限度）＋公的年金等に係る雑所得の金額（10万円限度））－10万円＝控除額

（注2）退職手当等が「特定役員退職手当等」に該当する場合

　　法人の役員等でその勤続年数が5年以下である人が支払いを受ける退職手当等に

ついては、2分の1計算の適用はできない。

（注3）譲渡所得の主なポイント

区　　分		課税方法	税　率　等
土地・建物、借地権の譲渡		申告分離課税	資産の所有期間、使用形態、譲渡先等に応じて税率や特別控除額が定められている
株式等	一般口座（上場・非上場）	申告分離課税	20.315%（所得税15％＋復興特別税0.315％＋個人住民税5％）
	特定口座（上場株式）（簡易申告口座）		
	（源泉徴収口座）	申告不要 ^{（※1）}	
上記を以外の資産の譲渡		総合課税 ^{（※2）}	他の所得と合算の上税率を適用

（※）1　譲渡損が生じた場合は、申告分離課税の配当所得との損益通算や3年間の繰越控除の適用を受けるための申告が可能。

2　総合課税の譲渡所得については、50万円の特別控除が受けられ、さらに、長期譲渡所得（所有期間5年超）は、特別控除後の金額を2分の1にした額を総所得金額に算入する。

所得税の対象とならない非課税所得について教えてください。

A2　所得税は、社会政策的見地等から課税すべきではないものについて、所得税法やその他の法律で非課税所得と定義して所得税を課さないことにしています。

〈非課税所得の例〉

1　所得税法や租税特別措置法によるもの

①　給与所得者の出張や転勤の際の旅費等

②　給与所得者の通勤手当（月額15万円以下）

③　傷病者や遺族が受ける恩給、年金（遺族年金、障害年金等）

④　障害者等の少額預金（元本350万円まで）や勤労者財産形成住宅貯蓄（元本550万円まで）の利子等

⑤　心身に加えられた損害又は資産の損害に伴う補償のうち突発的なものに係る損害保険金（店舗の損害賠償金、火災保険金）、損害賠償金、相当の見舞金

⑥　生活に通常必要な動産の譲渡による所得（1個または1組の価額が30万円を超える貴金属や書画骨董品を除く）

⑦　学費金、扶養義務を履行するための金品

⑧　非課税口座内の少額上場株式等の配当・譲渡所得（いわゆるNISA等）

2　その他の法令によるもの

①　雇用保険、健康保険、国民健康保険、介護保険の保険給付金等

②　生活保護の給付金

③　児童手当、児童扶養手当

④　国内の宝くじの当選金やスポーツ振興投票権（toto）の払戻金

Q3　個人で所有している土地（借地権割合あり）を私が経営する会社に貸し付けることにしましたが、税金の取扱いはどうなりますか。

A3　権利金を支払う慣行のある地域において、権利金を収受しないときは、会社は借地権の贈与を受けたものとして権利金の認定課税が行われることになります。個人が権利金を受け取った場合は、不動産所得又は譲渡所得として課税されることになります。

　ただし、その土地の価額に照らして相当の地代を収受しているときや、土地の使用目的が、駐車場等の更地での使用や仮設店舗等簡易な建物の敷地としての使用などにより、その土地の使用が通常権利金の授受を伴わない場合には、その土地の使用に係る取引は正常な取引でされているものとして、権利金の認定課税はされずにその会社の計算が認められます。

　相当の地代とは、その土地の更地価額（原則として通常の取引価額（時価）ですが、課税上弊害がない場合は公示価額や相続税評価額等も可）のおおむね年6%程度であれば相当の地代として認められるこ

とになります。

　また、当事者間の契約において、会社（借地人）が将来土地を無償で返還することが明確にされ、かつ、その旨を個人と法人の連署により「土地の無償返還に関する届出書」を所轄の税務署長に遅滞なく届け出た場合には、権利金や相当な地代の授受がなくても課税上の問題は生じません。

　権利金の授受や地代設定に当たっては、会社の資金負担能力、個人の課税、さらには土地の相続税評価額にも影響が及ぶので、多方面からの検討が必要です。

Q4 海外にある不動産所得の損失についても損益通算は認められますか。

A4 　土地や建物の貸付による所得は、その所在が国内、国外を問わず不動産所得に区分されます。従って、国外の不動産所得から生じた損失についても、日本の所得税法が適用されますから、損益通算をすることができますし、耐用年数も日本のものを適用して減価償却をすることになります。

　なお、不動産所得の計算上生じた損失のうち、土地等の取得のための負債利子に相当する部分はなかったものとされますし、さらに、国外不動産に係る損失のうち、国外中古建物の耐用年数を簡便法など一定の方法により計算した減価償却費に相当する部分の損失については、生じなかったものとみなされ、損益通算等ができませんので注意が必要です。

　また、不動産の貸付規模が小規模な場合（アパート10室未満、あるいは1戸建て5棟未満）には、資産損失（貸付不動産の取壊し・除却などにより生じた損失）の必要経費への算入は不動産所得の金額を

限度とするといった取扱いにも留意する必要があります。

Q5 従業員へ支給する現物給与の扱いについて教えてください。

A5 役員や従業員に対して、無償又は低い対価による譲渡や貸与をする場合等、金銭以外の経済的な利益を供与した場合には、現物給与として課税対象となる場合があります。

　例えば、①物品等の資産の無償又は低い対価での譲渡、②土地、家屋等の無償又は低い対価での貸与、③金銭の無利息又は低い利率での貸付け、④無償又は低い対価での用務提供、⑤個人的債務の免除などにより通常支払うべき額と実際に支払う額との差額に相当する経済的利益については、源泉徴収の対象となる給与所得の収入金額に含める必要があります。

　一方で、福利厚生面への配慮等の必要性から一定の条件を満たす場合には課税されません。例えば、役員や従業員への食事の支給（残業、宿日直の場合は別扱い）については、食事の価額の半分以上を役員や従業員が負担し、かつ、会社の負担額が月額3,500円以下の場合には、課税されません。また、従業員社宅の家賃については、賃貸料相当額の2分の1以上を徴収していれば課税されません。ただし、役員社宅については、貸与する社宅の床面積によっては全額徴収している場合を除いて現物給与としての課税の問題が生じますので注意が必要です。

Q6 ふるさと納税の返戻品を受領しましたが課税対象となりますか。

A6 ふるさと納税の返戻品に係る経済的利益を非課税とする規定はありませんので、法人（地方公共団体）からの贈与となり、一時所得として課税対象となります。

なお、一時所得には50万円までの特別控除が認められていますので、その年中に他に一時所得がなく、返戻品の経済的利益が50万円以下であれば課税関係は生じないことになります。

Q7 当社は、新規上場を果たしました。この機に社長である私が創業以来保有していた株式の売却を検討中ですが、税の軽減措置等はどうなりますか。

A7 上場株式を売却した場合には、譲渡益に対し20%（所得税15%、住民税5%）及び復興特別所得税（0.315%（15%×2.1%））が課税されることになります。

未上場企業が、株式を証券取引所に上場させ、証券取引所を通じて売却できるようにすることをIPOといい、その上場株を新規公開株式等と呼びますが、これらの株式の譲渡についても、他の上場株式と同様の課税となります。

なお、過去適用されていた優遇措置（公開時の創業者利益に対する課税の特例（公開日3年以前に取得した株式の公開後1年以内に譲渡した場合の2分の1課税特例等））については、廃止されています。

Q8 ビットコインなどのいわゆる暗号資産の売買やマイニングによる所得を区分する際の判断基準を教えてください。

A8 ビットコインなどの暗号資産取引により生じた損益は、邦貨又は外貨との相対的な関係により認識される損益と認められますので、原則として、雑所得に区分されます。

ただし、その年の暗号資産取引に係る収入金額が 300 万円を超える場合には、次の所得に区分されます。

① 帳簿書類の保存がある場合‥‥‥原則として、事業所得

② 帳簿書類の保存がない場合‥‥‥原則として、雑所得（業務に係る雑所得）

なお、「暗号資産取引が事業所得等の基因となる行為に付随したものである場合」、例えば、事業所得者が、事業用資産として暗号資産を保有し、棚卸資産等の購入の際の決済手段として暗号資産を使用した場合は、事業所得に区分されます。事業所得も雑所得も、総収入金額から必要経費を控除して所得金額を計算する方法は同じですが、雑所得では、①青色申告が選択できませんし、②貸倒れ等の損失額は所得金額を限度としてのみ算入可能となり、③損失が生じた場合に他の所得との損益通算が適用できないなど多くの相違点があります。

Q9 外国為替証拠金取引（FX）で、差金決済による差益が発生しました。差損が生じた場合も含めて課税について教えてください。

A9 外国為替証拠金取引（FX）とは、外国為替（外国通貨）の売買を、一定の証拠金（保証金）を担保にして、その証拠金の何十倍もの取引を行うことをいいます。

　差金決済による差益が生じた場合には、申告分離課税により、他の所得と区分して、「先物取引に係る雑所得等」として、20%（所得税15%、住民税5%）及び復興特別所得税（0.315%（15%×2.1%））が課税されます。

　また、差金決済による差損が生じた場合には、他の「先物取引に係る雑所得等」の金額との損益通算は可能となり、損益通算をしてもなお引ききれない損失があれば、一定の要件の下、翌年以後3年間は「先物取引に係る雑所得等」の金額から控除することができます。なお、それ以外の所得との損益通算や繰越控除は適用できませんのでご注意ください。

Q10 暗号資産デリバティブ取引の課税関係を教えてください。

A10　令和2年度の税制改正により、金融商品取引上のデリバティブ取引のうち、先物取引、オプション取引等の差金等決済に係る所得については、20%（所得税15%、住民税5%）及び復興特別所得税（0.315%（15%×2.1%））の申告分離課税とし、損失が生じた場合には確定申告により3年間の繰越控除が適用できることとなりましたが、暗号資産デリバティブ取引に係る所得については、その適用対象から除外され、雑所得として総合課税の対象とされるとともに、支払調書制度等の対象にも加えられました。

Q11 医療費控除やセルフメディケーション税制について教えてください。

A11 あなたや生計を一にする配偶者・親族の医療費を支払った場合には、確定申告によって、次により計算した額の医療費控除が受けられます。

その年中に実際に支払った医療費	−	保険金等で補填される金額	−	10万円又は総所得金額の5%（いずれか少ない額）	=	医療費控除額（最高200万円）

医療費控除の対象となるものは、①医師・歯科医師に支払った診療費や治療費（通院費も含みます）、②入院費用、③治療のためのあんまマッサージ等の施術代、④助産師による分べん介助費用、⑤介護保険サービス制度で提供を受ける一定の施設・居宅サービス費用、⑥医薬品・義歯等の代金・おむつ代（医師の証明必要）等となります。

ただし、実際に支払っていても健康診断費用や予防接種、美容整形、健康器具代、健康維持のためのマッサージやサプリメント代など医療費控除の対象とならないものもありますので注意が必要です。

また、セルフメディケーション税制とは、健康の保持増進や疾病予防として一定の取組み（健康診査、予防接種等）を行い、特定医薬品（スイッチOTC医薬品）の購入代金を支払った場合に、所得金額から控除できる制度ですが、一般の医療費控除との重複適用はできませんのでいずれか一方を選択することになります。

なお、確定申告にて選択した方法を、後に変更することはできません。

その年中に支払ったスイッチOTC医薬品の購入費	−	保険金等で補填される金額	−	12,000円	=	セルフメディケーション税制適用額（最高88,000円）

Q12 ふるさと納税など寄附をした場合の取扱いを教えてください。

A12 あなたが、特定寄附金を支出した場合には、確定申告によって寄附金控除の適用が受けられます。

特定寄附金とは、①国や地方公共団体への寄附金（ふるさと納税も該当します。）、②特定公益法人（日本赤十字社や社会福祉法人など）への寄附金、③特定の政治献金、④いわゆる認定NPO法人などへの寄附金をいいます。ただし、学校の入学に関するものや寄附することにより設備を専属的に利用できるなど特別な利益が及ぶと認められるものは対象とすることはできません。

| ①と②のいずれか低い金額
①特定寄附金^{（※）}の支払額 ②総所得金額の40% | － | 2,000円 | ＝ | 寄附金控除額 |

※特定寄附金のうち一定のものについては、所得税額から一定の金額を控除する税額控除の選択も可能。

Q13 洪水により自宅が全壊しました。税による救済はありますか。

A13 災害、盗難、横領によって所有する住宅や家財などの生活に通常必要な資産に損害を受けたり、災害に関連してやむを得ない支出（災害関連支出）をした場合には、確定申告によって雑損控除が受けられます。

| ①損失の額－総所得金額等の10%
②災害関連支出の金額－50,000円 | → | ①と②のいずれか多い金額
＝雑損控除の額^{（※）} |

※控除しきれない金額は原則3年間の繰越控除が可能

なお、その年の所得金額の合計額1,000万円以下の人が災害により

所有する住宅及び家財の2分の1以上の損害額が発生した場合には、雑損控除との選択により、災害減免法による所得税額等の全額免除又は一部軽減を受けることもできます。

Q14　ひとり親控除と寡婦（寡夫）控除の違いは何ですか。

A14　従来の寡婦（寡夫）控除は、令和2年分から、婚姻歴の有無や性別による税負担の違いの解消等ライフスタイルの変化等に応じた改正がされました。

　ひとり親控除は、性別を問わず、現に婚姻をしていない者等のうち、①生計を一にする子（総所得金額が48万円以下）を有し、②本人の合計所得金額が500万円以下で、③事実婚の状態にない場合、を「ひとり親」として、総所得金額等から35万円が控除されることになりました。

　また、従来の寡婦（寡夫）控除は一部改組され、寡夫控除は廃止され、寡婦控除については、夫と死別された方で、①本人の合計所得金額が500万円以下で、②婚姻（事実婚を含みます。）をしていない場合、または、夫と離婚された方で、上記①及び②に加えて、③扶養親族を有する場合に、寡婦控除として総所得金額等から27万円の控除が受けられます。ただし、ひとり親に該当する方は対象になりません。

　なお、事実婚の状態にない場合とは、住民票に「夫（未届）」や「妻（未届）」の記載がされていない場合をいいます。

Q15　私の妻には配当収入がありますが、配偶者控除はどうなりますか。

A15　控除対象とすることができる配偶者とは、居住者と生計を一にするもので、合計所得金額が48万円以下であることが必要ですが、確定申告を行うことを選択できる所得の場合には確定申告を選択しなければ合計所得金額に含めないことになっています。

上場株式等の配当等（発行済株式等の3%以上を有する個人は除きます。）については、配当の際に源泉徴収が行われ、確定申告を行うか否かを選択できることとなっていますので、確定申告を行わない選択をすれば、合計所得金額は48万円以下（0円）となり、控除対象配偶者に該当し配偶者控除を適用できることになります。

なお、配当所得の場合には、申告をした方が有利な場合がありますし、また、配偶者特別控除の適用が受けられる場合もありますので、選択に当たっては有利・不利を具体的に検討した上で判断すべきです。

Q16　海外に居住する親族を扶養控除の対象にできますか。

A16　国外に居住する非居住者である親族（1年以上留学する親族も含まれます。）について、①配偶者控除、②配偶者特別控除、③扶養控除、④障害者控除の適用を受ける場合には、「親族関係書類」、「送金関係書類」及び必要に応じて「留学ビザ等書類」を確定申告書（年末調整の場合には、給与所得者の扶養控除申告書等）に添付又は提示する必要があります。

令和5年1月からは、扶養控除の対象となる国外居住親族は、①16

歳以上30歳未満の者、②年齢70歳以上の者、③年齢30歳以上70歳未満の者のうち、留学中の者、障害者、生活費等に充てる支払いを38万円以上受けている者のいずれかに該当する者、に限定されました。

添付書類のうち、「親族関係書類」とは、国外居住親族がその居住者の親族に該当する旨を証する書類（戸籍の附票の写しその他の国又は地方公共団体が発行した書類及び旅券の写し、あるいは、外国政府等が発行した国外居住者の氏名、生年月日、住所等の記載のある書類）を、「送金関係書類」とは、国外居住親族の生活費又は教育費に充てるための支払を、必要な都度、各人に行ったことを明らかにする書類（金融機関の書類等で、金融機関が行う為替取引により支払いをしたことを明らかにする書類等）を、「留学ビザ等書類」とは、外国政府又は外国の地方公共団体が発行した査証（ビザ）に類する書類の写し又は在留カードに相当する書類の写しをいいます。なお、これらの書類が外国語で作成されている場合には、その翻訳文も必要となります。

Q17 従業員のiDeCo加入と、企業が上乗せ拠出できる事業主掛金納付制度の活用を検討しています。掛金の取扱いはどうなりますか。

A17 iDeCo（個人型確定拠出年金）は、基本的には、加入者本人が掛金を拠出するものですが、一定の要件を満たしている中小事業主が必要な手続等を行った場合には、iDeCoの加入者である従業員の掛金に、中小事業主掛金を上乗せして掛金を拠出することが可能となっています（マッチング拠出）。

従業員が負担するiDeCoの掛金は、小規模企業共済掛金として掛金の全額が所得控除の対象となりますので、給与支給の際には、iDeCoの掛金の額を他の社会保険料とともに給与支給額から控除したうえで、所得税等の源泉徴収を行う必要があります。

　なお、事業主が負担する中小事業主掛金については、その掛金全額を損金又は必要経費の額に算入することになります。

Q18 所得税や復興特別所得税の計算の仕方を教えてください。

A18　所得税は、所得金額から所得控除の合計額を差し引き1,000円未満の端数を切り捨てた額（課税所得金額）に以下の所得税速算表をあてはめて算出します。

　また、平成25年から令和19年までの25年間は、復興特別所得税として、基準所得税額（申告納税の場合は税額控除後（外国税額控除等を除きます。）の額）に2.1%を乗じた額を所得税と併せて納付します。

所得税の税額表（速算表）

課税所得金額Ⓐ	税率Ⓑ	控除額Ⓒ	課税所得金額Ⓐ	税率Ⓑ	控除額Ⓒ
195万円未満	5%	0円	900万円〜 1,800万円未満	33%	153.6万円
195万円〜 330万円未満	10%	9.75万円	1,800万円〜 4,000万円未満	40%	279.6万円
330万円〜 695万円未満	20%	42.75万円	4,000万円以上	45%	479.6万円
695万円〜 900万円未満	23%	63.6万円			

所得税 ＝ Ⓐ × Ⓑ － Ⓒ

Q19 会社員ですが、確定申告が必要となる場合や、還付を受けられる場合について教えてください。

A19　給与所得者の場合には、例えば、①その年中の給与の収入金額が2,000万円を超える人や、②1か所から給与を受けている人で、給与所得及び退職所得以外の所得の金額の合計額が20万円を超える人、③2か所以上から給与を受けている人で、年末調整を受けない従たる給与の収入金額と給与所得及び退職所得以外の所得の

金額の合計額が20万円を超える人などは、原則としてその年の翌年2月16日から3月15日の間に確定申告をしなければなりません。

　次に、還付を受けるための申告についてですが、確定申告書を提出する義務のない人でも、給与等から源泉徴収された所得税額や予定納税額が年間の所得金額について計算した所得税額よりも多いときは、納め過ぎになっている所得税の還付を受けるための申告をすることができます。

　なお、還付申告書は、確定申告期間とは関係なく、その年の翌月1月1日から5年間提出することができます。還付申告書の提出先は、提出する時の納税地（住所地）を所轄する税務署長です。

Q20 海外子会社へ出向した場合の所得税の取扱いや精算はどうなりますか。

A20 　1年以上の予定で海外の子会社へ出向等をした場合には、所得税法上の非居住者となり、国外勤務で得た給与に日本の所得税は課税されません。出国するまでの日本国内での給与から源泉徴収された所得税については、年末調整と同じ方法で会社が精算を行います。

　しかし、海外支店などに勤務する場合であっても、法人の役員（いわゆる使用人兼務役員を除きます。）の場合には、その受け取る給与については、日本国内で生じたものとして、支払を受ける際に20.42％の税率で所得税及び復興特別所得税が源泉徴収されることになります。

　なお、役員の給与に対する課税の取扱いについて、租税条約により取扱いが定められている場合には、その取扱いが優先されます。

Q21 毎年確定申告をしていますが、この度、出国することになりました。今後の確定申告についてどうすればよいですか。

A21 海外へ出国した場合には、所得税法上の非居住者となり、出国後に国外で得た所得に日本の所得税は課税されませんが、日本国内で発生する一定の所得があれば、引き続き日本の所得税が課税されることになり、確定申告書を提出する必要がありますので、納税管理人を定めて、確定申告書の提出や納税などを代理してもらうことになります。

納税管理人を定めた場合には、その非居住者の納税地を所轄する税務署長に「所得税・消費税の納税管理人の届出書」を出国の日までに提出する必要がありますし、確定申告書の提出先もその非居住者の納税地を所轄する税務署長となります。なお、納税管理人は法人でも個人でも構いません。

Q22 上場株式の配当収入があります。配当控除の概要を教えてください。

A22 内国法人から受ける配当所得については、法人税との二重課税を防止する観点から、配当所得金額の10%相当額（課税所得金額が1,000万円を超える部分は5%）を算出した所得税額から控除できます。

なお、申告分離課税を選択した配当所得や外国法人からの配当については、配当控除は適用できませんのでご注意ください。

Q23 住宅ローンを利用して、自宅を購入する予定です。住宅ローンの一部が税額控除できるそうですが、概要を教えてください。

A23 金融機関などの住宅ローンを利用してマイホームの新築、取得又は増改築等をして、居住の用に供した場合で、一定の要件を満たす場合には、新築、増改築等の区分に応じて、住宅ローンの年末残高の一定割合を住宅借入金等特別控除として所得税の税額控除を受けることができます。

この控除を受けるためには、初年度に一定の書類を添付して確定申告をする必要があります。なお、給与所得者等については、2年目以降、年末調整でこの控除を受けることになります。

令和6年において居住の用に供した自宅を取得した場合の控除額の目安としては、新築した住宅が認定長期優良住宅の場合では、住宅借入金等の年末残高の0.7%（最高31.5万円）を13年間控除できることとなりますが、居住の用に供した日や住宅の種類などによって、要件や控除額、控除期間が異なりますので、実際の適用に当たっては、ご自身が購入された住宅や住宅ローンの内容、居住の用に供した年月日等について具体的にご検討ください。

Q24 海外の法人からの報酬があり税金も控除されていますが、外国税額控除を適用できますか。

A24 居住者は、国内はもちろんのこと、外国で生じた所得についても課税対象となりますが、外国で所得税等が課税されている場合には、二重課税を避けるために、外国の所得税等の金額に基づき控除限度額を計算して、算出した所得税額から外国税額控除とし

て控除することができます。

　この控除を受けるためには、「外国税額控除に関する明細書」や「外国所得税を課されたことを証する書類」（例えば、源泉税（Withholdings Tax）が記載された支払通知書（Payment Notice））等を確定申告書に添付して提出する必要があります。

Q25 国外財産調書の作成・提出についてポイントを教えてください。

A25 非永住者を除く居住者は、その年の12月31日において5,000万円を超える国外財産（借入金によって取得した場合でも、借入金の価額を差し引くことはできません。）を有している場合には、その国外財産の種類・数量・価額・その他必要な事項を記載した国外財産調書を、翌年6月30日までに、所轄の税務署長あてに提出しなければなりません。

　対象となる財産が国外にある財産かどうかについては、財産の種類ごとに行うこととされ、例えば動産や不動産についてはその所在、金融機関の預貯金等は受入れをした営業所や事業所の所在地で判定することとされています。

　また、外貨で表示されている国外財産の価額については、その年の12月31日における最終の対顧客直物電信買相場（TTB）又はこれに準ずる相場により行います。

　なお、令和2年4月1日以降は、従来からある適正な提出のための措置に加えて、税務調査において指定された期限までに資料を用意しない場合のペナルティが重くなるなど、国外取引に係る適正申告確保のための税制が強化されています。

Q26 財産債務調書の作成・提出についてポイントを教えてください。

A26 ①その年分の各種所得金額の合計額（退職所得を除き、申告分離課税の所得を含めます。）が2,000万円を超え、かつ、②その年の12月31日において3億円以上の財産又は1億円以上の国外転出特例対象財産^(注)を有している場合に加えて、令和5年分以後は、③その年の12月31日においてその価額の合計額が10億円以上の財産を有する場合には、その財産の種類、数量、価額、債務額、その他必要な事項を記載した財産債務調書を、翌年6月30日までに、所轄の税務署長あてに提出しなければなりません。

　なお、国外財産調書の提出の場合と同様に、適正な提出を促すための措置が講じられていますし、国外財産調書に記載した財産については、財産債務調書に国外財産の価額以外の記載は不要です（国外の債務は記載が必要です。）。

(注) 国外転出特例対象財産

　　国外転出時課税制度の対象となる財産（1億円以上の有価証券等、未決済信用取引等及び未決済デリバティブ取引に係る権利）をいう。

COLUMN

資産合算制度のその後と二宮尊徳の報徳精神

　世帯を単位とした課税が行われていた時代をご存知でしょうか。

　一定の高額所得世帯（昭和50年当時で所得1,000万円）を対象に、昭和32年から31年間実施されていた資産の合算制度です。

　その内容は、生計を一にする親族が資産所得（利子・配当・不動産の各所得）を有している場合には、親族のうちで資産所得以外の所得が最も多い者の総所得金額に、その他の親族の資産所得を合算し、累進税率を適用して世帯全体の所得税額を算出したうえで、世帯各人の所得金額に応じて按分したものを各個人の納税額とするもので、昭和49年当時の資産合算適用世帯は52,466世帯だったとされ、当時の所得税率は、最高税率が75～70%という時代でした。

　一方で、所得税法で規定する各種所得の計算等については、租税特別措置法による特例規定が多く設けられています。とりわけ、利子、配当、株式の譲渡等といった金融商品から生ずる所得（以下、金融所得といいます。）は租税特別措置法による制度改正が頻繁かつ広範囲に及び、一括りで言えば、金融所得に割引債の償還差益などの「金融類似商品」も含め、概ね15～20%の税率での源泉分離課税又は申告分離課税により累進税率の適用を受けずに課税を終了させるなど、金融所得等に係る課税については、「貯蓄から投資」へと分離課税制度を基本として金融所得ごとの課税方式の均衡化等を柱とする金融所得課税の一体化に向けた様々な措置が講じられてきました。

　これら金融所得一体課税の背景には、課税を強化した場合の投資意欲の減退や、海外逃避の助長を防ぐといった判断があったと思われますが、所得税の理念である「負担の公平」「担税力に応じた負担」については置いてきぼり感が否めません。

　小学生の頃、登校する私たちをいつも二宮金次郎の銅像が出迎えてくれました。

　金次郎像は、薪を背負い、本を読んでいますが、これは、薪は経済、

本は道徳を示しているそうです。

　幼い頃に父母を亡くし一家離散という不幸な境遇に置かれた金次郎（二宮尊徳）ですが、我が家の再興を成し遂げ、その後は、小田原藩服部家や栃木県桜町領の財政再建など培った「報徳仕法」により諸領諸村の復興事業や飢饉救済に飛び回り、一生涯を世のため人のためにその身を捧げた人でした。

　その二宮尊徳の教えの一つに「道徳と経済の一元」があります。

　経済（身体・物・金）が道徳（心・精神）を忘れて独走したり、経済・合理主義一辺倒になると、物欲に振り回されたり道徳に背いた行為が頻発して目に余るようになってしまうと説いています。

　「道徳を忘れた経済は罪悪であり、経済を忘れた道徳は寝言である」

　「欲に従って家業に励み、欲を制して義務を思うべきなり」

　先人の教えに学び、十二分の意義を見出したい昨今です。

所得税確定申告対応の留意事項・チェックリスト

	項　　　　　目	☑
総　論		
1	居住形態：居住者・非居住者の区分は確認済ですか。（チェックリスト末尾の課税形態チェック表を参照してください。）	☐
2	確認：取扱いが複雑な項目や、申告に必要な添付書類について、国税庁HP等で確認を行いましたか。	☐
各種所得		
1	利子所得：海外の金融機関からの預金利子を計上していますか。	☐
2	配当所得：源泉分離課税を選択した配当所得を申告していませんか。	☐
3	配当所得：土地信託に係る配当を配当所得としていませんか。	☐
4	不動産所得：同族会社役員の場合、その法人からの不動産賃借料が20万円以下であっても申告していますか。	☐
5	不動産所得：使用貸借した親族所有の土地を月極駐車場として活用しているような場合に、親族の固定資産税を必要経費に計上していますか。	☐
6	不動産所得：アパートの損害保険料のうちに積立部分がある場合（農協の建更等）に、全額を必要経費に算入していませんか。	☐
7	不動産所得：事業的な規模とはいえない不動産貸付の場合に、65万円の青色申告特別控除や事業専従者控除等を適用していませんか。	☐
8	給与所得：精算不要の渡切交際費を給与の収入金額に含めていますか。	☐
9	給与所得：給与の収入金額が850万円超の給与所得控除額は195万円となっていますか。	☐
10	譲渡所得：株式等の譲渡損が発生した場合、3年間の繰越控除が可能となりますが準備をしていますか。	☐
11	譲渡所得：取得費とする額について、実際の取得費と譲渡収入の5％とを比較検討してみましたか。	☐
12	譲渡所得：土地建物等の分離課税の特例適用について、国税庁HP等で確認を行いましたか。	☐
13	雑所得：非課税の遺族年金や障害年金を雑所得に含めていませんか。	☐
14	雑所得：同族会社等への貸付金の利息や動産の貸付による賃借料は正しく申告されていますか。	☐
15	雑所得：還付申告に伴う還付加算金の計上漏れはありませんか。	☐
16	雑所得：FX取引等の赤字を他の雑所得と通算していませんか。	☐
所得控除		
1	雑損控除：詐欺被害による損失やシロアリの予防費用（駆除費用は控除対象）を計上していませんか。	☐
2	雑損控除：住宅や家財の損害が2分の1以上の場合、雑損控除と災害減免法適用の有利不利を比較検討しましたか。	☐

	項　　　　　目	☑
3	医療費控除：医療費の中に特定薬品（セルフメディケーション税制対応分）は含まれていませんか。	□
4	医療費控除：保険金等で補てんされる金額（健保組合や保険会社等からの給付）が未収の場合、見込額で差し引きしてありますか。	□
5	社保控除：配偶者の方の年金から控除されている保険料等を含めていませんか。	□
6	寄附金控除：入学時や入学辞退の寄附金を含めていませんか。	□
7	寄附金控除：政党等へ寄附した場合、政党等寄附金特別控除（税額控除）との有利不利を比較検討しましたか。	□
8	障害者控除：介護認定のみで障害者控除を適用していませんか。	□
9	配偶者控除：あなたの合計所得金額が1,000万円を超えているのに、配偶者控除を適用していませんか。	□
10	扶養控除：同居を常況としていない70歳以上の両親を同居老親（58万円控除）としていませんか。	□
11	基礎控除：合計所得金額が2,400万円を超えているのに、基礎控除（48万円）を適用していませんか。	□
12	共通：年の中途でお亡くなりになった親族の、障害者控除・配偶者控除・扶養控除等の適用を確認されましたか。	□
税額控除		
1	配当控除：課税総所得金額等が1,000万円超かどうかの判定の際に、分離課税の所得金額も含めて判定していますか。	□
2	配当控除：外国法人からの配当金を控除の対象としていませんか。	□
3	住宅控除：両親が所有名義人となっている住宅を増改築した場合でも控除の対象としていませんか。	□

参考：居住者・非居住者の課税形態チェック表

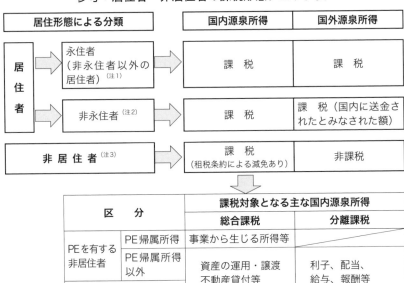

＊PE（恒久的施設）とは、事業管理を行う場所、建設作業場、代理人等をいいます。

(注1)　非永住者以外の居住者とは
　　　　国内に住所を有し、又は現在まで引き続いて1年以上居所を有する居住者のうち、非永住者以外の個人をいう。
(注2)　非永住者とは
　　　　居住者のうち、日本国籍を有さず、かつ過去10年以内に国内に住所又は居所を有していた期間の合計が5年以下の個人をいう。
(注3)　非居住者とは
　　　　居住者以外の個人をいい、所得控除は、雑損・寄附金・基礎の3控除に限定される。

② 法人税の対応

(1) 法人税の概要

　日本の法人税は、昭和15年に法人に対する所得税が分離する形（法人税法の制定）によって成立し、現行の法人税法は昭和40年に制定されています。

　法人税は、法人税法の定めるところにより算出された各事業年度の所得（これを「課税所得」又は「課税標準」といいます。）に一定の税率を乗じて計算します。この法人税の納税義務者となる法人には各種の法人があり、その法人の種類によって課税所得の範囲が異なっています。

　法人税法は、法人の事業活動によって得た各事業年度の所得の金額を課税標準（対象）とし、株主が払い込んだ資本金等によって法人の正味資産が増えた部分については課税対象とはしないこととしています（法21、22）。

　法人税の課税標準である各事業年度の所得の金額は、法人税法第22条第1項において「当該事業年度」の「益金の額」から「損金の額」を控除した金額とすると規定しています。この場合の益金の額は、おおよそ企業会計上の売上高や販売高等の収益の額に相当するものであり、損金の額は、企業会計上の売上原価、販売費、一般管理費等の費用及び損失の額に相当するものです。元々、法人の利益は公正妥当な会計処理の基準によって計算されるものであり、本質的には企業会計の利益の計算に従えばよいこととしています。したがって、「一般に公正妥当と認められる会計処理の基準」によって会計処理が行われていれば、法人税法は、これを認めることとしています（法22④）。

企業会計の利益	収益の額	−	原価・費用・損失の額	=	利益の金額
法人税法上の所得金額	益金の額	−	損金の額	=	所得の金額

　法人税法上の所得の金額は、基本的には企業会計上の利益の額に相当するものですが、企業会計上の利益の額がそのまま所得の金額となることはまれです。企業会計上の利益は、主として企業の財政状態及び経営成績を正しく認識し、配当可能な財源を表示する目的で計算されるのに対し、法人税法上の所得は課税の公平、適正な税負担のための調整等を目的とし、さらに産業政策上の目的を取り入れて計算することとされています。このため、法人税法には、法人税法第22条（各事業年度の所得の金額の計算）の基本的な規定に対する例外規定として、「別段の定め」が設けられています。したがって、両者の間にはその目的の違いに応じて必然的に差異が生じることとなります。つまり、企業会計上は収益であっても法人税法上は益金とはしないもの、費用であっても損金とはしないものがあります。逆に、企業会計上は収益としないものであっても法人税法上は益金とするもの、費用としないものであっても損金とするものがあります。このことから、企業会計上の利益の額にこの別段の定めによる調整を加えたものが、法人税法上の所得の金額となります。

　法人税の課税所得は、企業会計上の利益又は損失を基礎としますが、決算の段階で法人税法の規定を取り入れたり、申告書において法人税法上定められている所要の加算又は減算を行い誘導的に算出されます。この課税所得の計算過程を「税務調整」といいます。

　法人の決算は、会社法等の規定に基づき作成した貸借対照表や損益計算書などの計算書類を株主総会等に提出し、その承認等を得ることによって確定します。法人の各事業年度の所得の金額の計算は、この法人の確定した決算を重視し、益金や損金に算入するかどうかについて法人の意思に任せている事項があります。そのため法人税法上では、

法人の意思を明らかにさせるため、株主総会の承認等を受け確定した決算において、あらかじめ費用や損失として計上することを条件として損金の額に算入するという規定があります。このように、法人の確定した決算において費用や損失として経理することを「損金経理」といいます（法2二十五）。

　法人が一般に公正妥当と認められる会計処理の基準に従って計算した利益は、必ずしも法人税法に定める所得の計算規定に従って計算されているわけではないため、これを基礎に法人税法の規定に基づく所要の加算又は減算を行い、各事業年度の所得の金額を求めることとなります。この税務調整には企業会計の決算段階で調整するものと法人税申告書に添付する各種の明細書（別表○といいます。）を用いて行うものがあります。

　このように法人税は、企業会計上の確定した決算を基に法人税法上の「別段の定め」により課税所得金額等が算出されることに留意する必要があります。

　以下、Q&Aの形式で、法人税の制度の概要及び留意すべきポイント等について説明します。

(2)　**法人税対応の留意事項Q&A**

Q1　　益金の額に算入すべき金額とはどのようなものでしょうか。

A1　　益金の額に算入すべき金額とは、法人税法の規定や他の法令で「益金の額に算入する」又は「益金の額に算入しない」と定められているもの（別段の定めがあるもの）を除いて、資本等取引以外の取引に係る収益の額とするものとし、その代表的な取引に係

る収益の額の例は、次のとおりです（法22②、法22の2）。

① 　商品、製品等の資産の販売による収益の額

② 　固定資産、有価証券等の資産の譲渡による収益の額

③ 　請負等の役務の提供による収益の額

④ 　無償による資産の譲渡や役務の提供による収益の額

⑤ 　無償による資産の譲受けによる収益の額

⑥ 　その他取引による収益の額

　これらの取引の例示のうち、④及び⑤は法人税法特有の考え方であるので次のような点に注意を要します。

　④は単なる資産の贈与を行っただけであり、何も収益が発生していないと考えやすいのですが、法人税法ではその資産をその時における価額（時価）で売り、その受け取った金銭を直ちに相手方に渡したとみて、時価相当額を収益として益金の額に算入することとしています。

　⑤の資産の贈与を受けた場合は、それだけ法人の正味資産が増加するので、その資産の時価相当額を益金として益金の額に算入することとしています。

　なお、収益という用語は企業会計でも広く使われていますが、法人税法上の収益には資産の贈与により生ずる収益等が含まれますので、企業会計上の収益と同一のものではなく、その範囲を若干異にしていることに注意を要します。

Q2　損金の額に算入すべき金額とはどのようなものでしょうか。

　益金の額に対応するものとして、法人税法の規定や他の法令で「損金の額に算入する」又は「損金の額に算入しない」と定められているものを除いて、損金の額を次の原価、期間費用及び

損失の3種類に区分して規定しています（法22③）。

①　収益に対応する売上原価、完成工事原価等の原価の額

②　販売費、一般管理費等の費用（償却費を除く）の額

③　災害等による損失の額（資本等取引を除く）

①の売上原価等とは、商品の売上高に対応する売上原価や譲渡した資産の原価等のことです。売上原価については、特にその事業年度の収益としたものに対応する原価を計上する「費用収益対応の原則」が重視されています。したがって、収益に対応する原価について事業年度末までに確定しないものがある場合には、その金額を適正に見積もって損金の額に算入する必要があります（法22③一）。

②の販売費、一般管理費、その他支払利息等の営業外費用は収益と個別対応で計算することが困難な費用、いわゆる「期間費用」とされるものです。これらの費用については、償却費を除いて、その費用が事業年度末までに債務として確定していることが必要です。したがって、法人が将来発生することが見込まれる費用を任意に見積もって計上しても、法人税法で認められているもの以外は損金の額に算入できません（法22③二）。

③の災害・盗難等の偶発的な原因による損失は、元来、収益や期間の対応になじまないものですから、その事実が発生したときの事業年度の損金の額とすることとされています（法22③三）。

Q3　債務の確定とはどのような要件ですか。

A3　債務が確定しているかどうかは、その事業年度終了の日までに次の全ての要件に該当するかどうかで判定します（法基通2-2-12）。

①　その費用に係る債務が成立していること

② その債務に基づいて具体的な給付をすべき原因となる事実が生じていること

③ その債務の額を合理的に算定することができること

Q4　一般に公正妥当と認められる会計処理の基準とはどのようなことですか。

A4　法人税法は、法人の各事業年度の所得の金額の計算に関して、別段の定めによって税法独自の計算方法を定めているもののほかは、「一般に公正妥当と認められる会計処理の基準」に従っていれば、その会計処理を認めることとしています（法22④）。

　ここでいう、一般に公正妥当と認められる会計処理の基準とは、客観的、常識的にみて規範性があり、公正で妥当と認められる会計処理の基準という意味であり、具体的な明文による基準があることを予定しているわけではありません。したがって、この基準は「企業会計原則」のみを意味するものでもなく、また、会計処理の実務の中でただ単に慣習として一般に行われているというだけでも足りず、客観的な規範にまで高められた基準といえます。

　言い換えれば、法人税法のこの規定は、法人の会計処理において用いている基準ないしは慣行のうち、一般に公正妥当と認められないものについては法人税法においても認めないこととし、それ以外のことについては原則として法人の会計処理を認めるという基本方針を示したものであるということがいえます。

Q5 損金経理とはどのようなことでしょうか。

A5 法人の決算は、会社法等の規定に基づき作成した貸借対照表や損益計算書などの計算書類を株主総会等に提出し、その承認等を得ることによって確定します。法人の各事業年度の所得の金額の計算は、この法人の確定した決算を重視し、益金や損金に算入するかどうかについて法人の意思に任せている事項があります。

そのため法人税法上では、法人の意思を明らかにさせるため、株主総会の承認等を受け確定した決算において、あらかじめ費用や損失として計上することを条件として損金の額に算入するという規定があります。このように、法人の確定した決算において費用や損失として経理することを「損金経理」といいます（法2二十五）。

Q6 税務調整事項とはどのようなことでしょうか。

A6 法人が一般に公正妥当と認められる会計処理の基準に従って計算した利益は、必ずしも法人税法に定める所得の計算規定に従って計算されているわけではないため、これを基礎に法人税法の規定に基づく所要の加算又は減算を行い、各事業年度の所得の金額を求めることとなります。この調整を「税務調整」といい、具体的には企業会計の決算段階で調整するものと法人税申告書に添付する各種の明細書（別表○といいます。）を用いて行うものがあります。この税務調整は、次のように区分されています。

① 損金経理等の処理が必要であり、申告書だけで調整ができないもの

② 法人の決算における経理処理にかかわらず適用されるが、法人

に申告書上で調整するかどうかを任せているもの

③ 法人が申告書上で調整しなければならないもの

税務調整は、①のように確定した決算で法人税法に定められた経理が要求される、いわゆる「決算調整事項」と、②と③のようにその性質上確定した決算における経理を要せず、申告書上で調整を求める、いわゆる「申告調整事項」とに区分することができます。

なお、これらの区分は、法令上体系的に区分されているわけではなく、該当条項に個々に示されている取扱いにより区分されています。

Q7 決算調整事項とはどのようなことでしょうか。

A7 決算調整事項とは、法人が決算に織り込むかどうかは任意ですが、法人税法の適用を受けるためには、法人の確定した決算で損金経理等の処理をする必要があり、確定申告書上だけで調整することは認められないものをいいます。

例えば、減価償却費の費用配分手続きを全て法人の意思に任せると課税の公平が期せられないため、「法人が当該事業年度においてその償却費として損金経理をした金額のうち、その法人が選定した償却の方法に基づいて計算した金額に達するまでの金額について損金の額に算入する」と規定しています（法31①）。

これは、税法上は常に法人が行った損金経理による償却費を基礎として課税所得の計算上損金の額に算入する金額の判定（限度額の算定）を行うということであり、法人が減価償却費を計上しないものを税務署長が進んで損金算入を行うことは原則としてせず、また、法人が企業会計上何ほどの減価償却をすべきかというところまで介入はしないということです。

Q8 申告調整事項とはどのようなことでしょうか。

A8 申告調整事項とは、確定申告書の上だけで調整する事項であり、任意の申告調整事項と必須の申告調整事項とがあります。

① 任意の申告調整事項

法人の決算上の経理処理に関係なく法人の選択により、法人が自ら確定申告書で調整を行った場合にのみ適用される事項です（法23等）。

② 必須の申告調整事項

法人が申告調整をしたか、していないかに関係なく、税務上当然に益金不算入、損金不算入等の計算を行い、企業利益を修正しなければならない事項です（法25等）。

また、法人の利益計算が事実に基づいていないなど、公正妥当な会計処理の基準に従っていない場合（例えば、売上や費用の計上漏れ又は原価や損失の過大計上があるような場合）にも、申告調整により法人の企業利益を修正しなければなりません。

したがって、法人が申告調整をしていない場合は、税務署長はこれらの事項について更正や決定をしなければなりません。

Q9 商品や製品等の販売による収益はいつ計上するべきですか。

A9 法人税法では、収益の計上時期について、各法人の任意に委ねるのではなく、課税の公平の観点から統一的に取り扱い、法人が商品等を販売した場合には、その収益の額は、商品等の「引渡しがあった日」に計上することとされています（法22の2①）。

Q10　資産を無償で譲渡した場合は、時価で収益に計上するのでしょうか。

A10　法人が無償で資産を譲渡した場合には、企業会計では現実には金銭等の授受がないので、これを収益とはしません。

　しかし、法人税法では、法人が他の者と取引を行う場合には、全ての資産は、時価によって取引されたものとみなして課税所得を計算するのが原則となっています（法22の2④）。

　したがって、法人の所有資産を第三者に無償又は低廉な価額で譲渡しても、その譲渡によって収入すべき金額は、その法人の収益として益金の額に算入すると同時に、その金額を相手方に対して贈与したものとされ、それによって生じた損失は原則として寄附金となります。この場合、その相手方が法人の役員又は使用人の場合はその者に対する給与となります（法37⑦⑧、34、36）。

Q11　資産を無償で譲り受けた場合は、時価で収益に計上すべきでしょうか。

A11　法人が他の者から資産を無償で譲り受けたり、債務の支払を免除されたりした場合には、法人の純資産がそれだけ増加しますから、その資産を譲り受けた時の時価に相当する金額や免除された債務の金額に相当する経済的利益の額を益金に算入します（法22②）。

Q12 受取配当等は益金の額に算入しないのでしょうか。

A12 現行税制では、基本的には、法人税は所得税の前払とする法人擬制説の考え方が採られています。したがって、法人の段階で納付した法人税に相当する金額を、その配当等を受けた個人が納付する所得税額から控除するという仕組みとなっています（配当控除…所法92）。このため、株主である法人が受け取った配当等の額については、益金の額に算入しないこととしています。

なお、令和5年10月1日以降に完全子法人株式等（株式保有割合100%）から受けるべき配当等については所得税の源泉徴収義務がなくなりました（所法177）。

Q13 資産の評価益は益金の額に算入されますか。評価損は損金の額に算入されますか。

A13 会社法や企業会計では資産の帳簿価額は、原則としてこれを取得するために要した金額を基礎とする、いわゆる「取得原価主義」が採られています（会社法431、会規5①）。法人税法上も評価換えに基づく課税所得の恣意的調整等が行われる点を考え、法人が資産の評価換えにより評価益を計上しても、法人税法上は原則として評価換えがなかったものとし、その評価益は益金不算入としています（法25）。

また、法人の所有する資産が災害による著しい損傷その他特別の事実が生じた場合など（法33②③④、法令68、68の2）の他は、原則として損金の額に算入しないこととしています（法33①）。

Q14　100％の完全支配関係がある法人間の受贈益は、益金の額に算入されますか。

A14　内国法人が各事業年度においてその内国法人との間に完全支配関係（法人による完全支配関係に限る。）がある他の内国法人から受けた受贈益の額は、その受贈益の額を受けた内国法人の各事業年度の所得の金額の計算上、益金の額に算入されません（法25の2）。この場合の受贈益の額については、法人税法上の寄附金の額の定義と完全に裏表の関係になっています（法25の2②③、法37⑦⑧）。

Q15　減価償却資産が償却費として損金の額に算入されるのはどのような金額でしょうか。

A15　法人税法上、損金の額に算入される償却費の額は、次のうちいずれか少ない金額です。

① 　償却限度額

② 　償却費として損金経理した金額

　この場合の「償却限度額」とは、法人が選定した定額法、定率法等の償却の方法に基づき、税法で定めるところの耐用年数、残存価額（平成19年3月31日以前に取得した資産に限る。）等を基礎として計算された金額をいいます（法令58）。

　また、「償却費として損金経理した金額」とは、法人が確定した決算で減価償却費として費用又は損失として経理した金額をいいます（法2二十五）。

　したがって、法人が確定した決算で償却費を計上しなかったときは、

法人税法上進んで償却費を損金の額に算入することはありません。また、決算で計上した償却費が償却限度額に満たない場合の不足額（償却不足額）があったとしても、この不足額は損金の額に算入されません。

Q16 少額の減価償却資産の損金算入について教えてください。

A16　減価償却資産を取得したときには、これを資産に計上し事業の用に供した後に減価償却を行うのですが、次のいずれかに該当するものがある場合は、法人がその取得価額に相当する金額について、その事業の用に供した日の属する事業年度において損金経理したときは、その損金経理をした金額は損金の額に算入されます。つまり、減価償却資産として資産に計上することを要しないこととなります（法令133）。

①　その使用可能期間が1年未満であるもの
②　その取得価額が10万円未満であるもの

Q17 一括償却資産の損金算入について教えてください。

A17　減価償却資産で取得価額が20万円未満であるもの（上記Q16の適用を受けるものを除きます。）を事業の用に供した場合において、その資産の全部又は特定の一部を一括したもの（以下「一括償却資産」といいます。）の取得価額の合計額をその事業年度以降の各事業年度の費用の額又は損失の額とする方法を選定したときは、その一括償却資産につきこれらの事業年度において損金の額に算入される金額は、その一括償却資産の取得価額の合計額（以下「一括

償却対象額」といいます。）の全部又は一部につき損金経理をした金額のうち、次の算式により計算した金額に達するまでの金額とされています（法令133の2①）。

なお、損金経理をした金額には、一括償却対象額につきその事業年度前の各事業年度において損金経理をした金額のうちその各事業年度の損金の額に算入されなかった金額を含むこととされています（法令133の2⑨）。

（算式）一括償却対象額 × その事業年度の月数 / 36

Q18 中小企業者等の少額減価償却資産の損金算入について教えてください。

A18 租税特別措置法42条の4第19項第7号に規定する中小企業者等で、青色申告法人のうち常時使用する従業員の数が500人以下の法人が、令和8年3月31日までの間に取得等をして事業の用に供した減価償却資産で、その取得価額が30万円未満である少額減価償却資産については、その取得価額の合計額のうち300万円に達するまでの金額は損金算入を認めるという特例措置が講じられています（措法67の5、措令39の28）。

また、有形固定資産だけでなく、ソフトウェアや特許権等の無形固定資産も対象となります。 新品の資産だけでなく、中古資産も同様です。

（注）令和6年度税制改正
　　① 常時使用する従業員の数　1,000人以下→500人以下
　　② 令和6年3月31日までの間に取得等→令和8年3月31日まで

Q19 繰延資産とはどのようなものでしょうか。

A19 法人税法上の繰延資産は、法人の支出する費用のうち支出の効果が1年以上に及ぶものをいい、資産の取得価額に算入される費用と前払費用は除かれています。この支出の効果が1年以上に及ぶ費用には、企業会計における繰延資産も含まれます（法2二十四、法令14）。

Q20 同族会社とはどのような会社をいうのでしょうか。

A20 法人税法では、株主等の3人以下とこれらの株主等と特殊の関係にある個人及び法人がその会社の株式の総数又は出資金額の合計額の50％超を保有している会社を「同族会社」とし（法2十）、非同族会社と区別して特別の規定を設けています。また、株主等とは、株主又は合名会社、合資会社若しくは合同会社の社員その他法人の出資者をいいます（法2十四）。

Q21 同族会社の課税上の特別規定にはどのようなものがありますか。

A21 同族会社の課税上の特別規定としては、次のものがあります。

① 同族会社の使用人のうち一定の株式を保有している者は、役員とみなさる場合があります（法令7二、71①五）。また、同族会社の役員のうち一定の株式を保有している者は、使用人兼務役員

とされない役員となります（法令71①五）。

② 同族会社において、法人税の負担を不当に減少させる結果となる行為や計算が行われるときは、正常な取引に置き替えて所得金額が計算され、法人税の課税が行われます。これが「同族会社等の行為又は計算の否認」です（法132）。

Q22 役員の給与はどのような取扱いでしょうか。

A22 法人がその役員に対して支給する給与のうち、次の①から③までに掲げる給与のいずれにも該当しないものの額は損金の額に算入されません（法34①）。

ただし、これらの給与には、債務の免除による利益その他経済的な利益を含み、業績連動給与に該当しない退職給与、及び使用人兼務役員に対して支給する使用人分給与は含まれず、また、不相当に高額な部分の金額及び事実を隠蔽又は仮装して経理することにより役員に対して支給する給与は損金の額に算入されません（法34①②③④）。

① 定期同額給与

支給時期が1月以下の一定の期間ごとであり、かつ、当該事業年度の各支給時期における支給額が同額である給与、その他これに準ずる給与をいいます（法34①一、法令69①）。

② 事前確定届出給与

その役員の職務につき所定の時期に確定した額の金銭等を交付する旨の定めに基づいて支給する給与で、納税地の所轄税務署長にその定めの内容に関する届出をしているものをいいます（法34①二、法令69②～⑧、法規22の3①）。

③ 業績連動給与

法人が業務を執行する役員に対して支給する業績連動型給与で一

定の要件を満たすものをいいます（法34①三、法令69⑨～⑲、法規22の3③）。

Q23 経済的利益とはどのようなものでしょうか。

A23 役員及び使用人（以下「役員等」といいます。）に対して支払う給与は、現金で支払われるのが通常です。しかし、法人が役員等に対して有する貸付金等の債権を放棄する場合、あるいは、法人が所有している土地、建物を役員等に対して無償や低い価額で賃貸する場合のように、現金は支払われないが実質的にその役員等に対して給与を支給したのと同様の経済的効果をもたらす利益が与えられる場合があります。このような利益を一般に「経済的利益」といいます（法基通9-2-9）。

そこで、法人税法上このような経済的利益については、役員の場合であれば、その実態に応じ定期同額給与、臨時的な給与、退職給与に区分し、これを実際に支給した給与の額に含めそれぞれの金額が過大であるか否かを判断することとなります。

また、使用人の場合は、役員と特殊な関係のある使用人について、経済的利益をその実態に応じ給料、賞与、退職給与に区分し、これを実際に支給した給与の額に含めそれぞれの金額が過大であるか否かを判断することとなります。

Q24 交際費等とされるものはどのようなものでしょうか。

A24 税法上の交際費等の範囲は、社会通念上の概念より幅広く、交際費、接待費、機密費、その他の費用で法人がその得意先や仕入先その他事業に関係のある者等に対する接待、供応、慰安、贈答その他これらに類する行為のために支出するものです（措法61の4④）。

この取扱いを区分して説明すると、次のとおりです。

① 交際費その他の費用とは、法人が交際費等の科目で経理したかどうかを問わないこと。

② 接待、贈答等の行為とは、もてなし、贈物などのやりとり等の性質を持つ全ての行為をいうこと。

③ 事業に関係のある者等とは、直接その事業に取引関係のある者だけでなく、間接にその法人の利害に関係のある者及びその法人の役員、使用人、株主等も含まれること（措通61の4(1)–22）。

④ 支出するとは、支出の事実があったことであり、接待するなどの行為があったことをいいます。したがって、仮払又は未払等の経理をしていなくともその行為があった事業年度の交際費等に含まれます（措通61の4(1)–24）。

Q25 交際費等の損金不算入額はどのように計算されるのでしょうか。

A25 資本金の額又は出資金の額が1億円以下の普通法人（「大法人の子会社等」を除きます。）については、定額控除限度額を超える金額が損金の額に算入されません。定額控除限度額は、年800万円に事業年度の月数を乗じてこれを12で除して計算した金額となります（措法61の4②）。

なお、接待飲食費の50/100相当額の損金算入と定額控除限度額までの損金算入のいずれかを選択適用することができます（措法61の4①②）。

Q26 寄附金とされるものにはどのようなものがあるのでしょうか。

A26 法人税法上の寄附金とは、法人が行った金銭その他の資産又は経済的な利益の贈与又は無償の供与をいい、社会通念上の寄附金の概念よりその範囲は広くなっています（法37⑦）。

法人税法上の寄附金であるかどうかの区別は、個々の実態により判断すべきものですが、この判断の基準として、事業に直接関係ない者に対する金銭でした贈与は、原則として寄附金として取り扱われます。例えば、社会事業団体、政治団体に対する拠金や神社の祭礼等の寄贈金のようなものは寄附金とされます。

Q27　貸倒損失が認められる要件はどのようなものですか。

A27　貸倒れの事実認定は難しい面もあるため、法人税基本通達において貸倒れの判定に関する一般的な基準が定められています。

① 　金銭債権の全部又は一部切捨てをした場合の貸倒れ（法基通9 –6–1）

イ 　金銭債権のうち会社更生法等の法令の規定や関係者の協議決定等により切り捨てられることとなった金額

ロ 　債務者の債務超過の状態が相当期間継続し、金銭債権の弁済を受けることができない場合に、その債務者に対し書面により債務免除をした金額

② 　回収不能の金銭債権の貸倒れ（法基通9–6–2）

債務者の資産状況、支払能力等からみて金銭債権の全てが回収できないことが明らかになった場合の、その債権の全額を貸倒れとして損金経理した金額

③ 　一定期間取引停止後弁済がない場合等の貸倒れ（法基通9–6–3）

債務者との取引を停止した時以後1年を経過した場合等の、その債務者に対して有する売掛債権（備忘価額を控除した後の金額）を貸倒れとして損金経理した金額

Q28 特定同族会社の留保金に対しては特別税率が課されるの
でしょうか。

A28 特定同族会社（資本金の額又は出資金の額が1億円以下で
ある一定の会社及び清算中の会社を除きます。）が一定の限
度額を超えて各事業年度の所得等の金額を留保した場合には、通常の
法人税の他に、その限度額（留保限度額）を超えて留保した所得等の
金額（課税留保金額）に対し、その金額に応じて10％、15％、20％
の特別税率による法人税を課すこととされています（法67①）。

Q29 グループ法人税制の概要について教えてください。

A29 完全支配関係（法2十二の七の六）がある内国法人間で一
定の資産（譲渡損益調整資産）を譲渡した場合には、その譲
渡損益調整資産に係る譲渡損益の計上を繰り延べ、譲受法人において
譲渡、償却等の事由が生じたとき又は譲渡法人と譲受法人との間で完
全支配関係がなくなったとき等にその繰り延べた譲渡損益の全部又は
一部を取り戻すという制度です（法61の13）。

譲渡損益調整資産とは、土地、建物等の固定資産、有価証券、金銭
債権及び繰延資産で譲渡直前の帳簿価額が1,000万円以上のものをい
います（棚卸資産は除かれます）。

COLUMN

持株会社化することの効果

複数の企業を一つの企業グループとして統制していくために、傘下の会社の株式を保有することで当該会社の活動を支配することを目的とする会社を持株会社といいます。

経営統合において従来から存在する合併制度の代替手段として持株会社が活用されるケースが増えています。すなわち、複数の企業が共同で持株会社を設立して、その持株会社の子会社となることで、同じ企業グループを形成して統合します。

具体的な手法としては、資産管理会社設立のほかに、会社分割や株式移転、株式交換により、持株会社化をすることが可能です。

オーナー族が支配している会社が複数ある場合には、持株会社を導入し、その後、持株会社の株式を承継者に移転することで、間接的に複数の会社の支配権を承継者に移転することが可能になり下記の経営面、税務面の効果も得られます。

持株会社化による経営面及び税務面の効果

項　目		効果の内容
経営面	グループ経営と事業運営の分離	・グループ経営機能が強化します。
		・事業会社における意思決定機能が迅速になります。
		・企業再編を促進することができます。
		・経営資源の適正配分が可能となります。
	各事業の法人格分離	・各事業の経営成績が明確になります。
		・個別事業の責任と権限が明確になります。
		・各事業のリスクが他の事業に及ぼす影響を限定的にすることができます。
税務面	自社株評価	・子会社株式を純資産価額で評価する場合に、利益蓄積である含み益を37%控除することにより、株価上昇抑制効果が期待できます。 （注）持株会社は保有資産に占める株式の割合が高くなるため、株式保有特定会社に該当するケースも想定されます。 　　　株式保有特定会社に該当する場合には原則的に純資産価額により評価することになります。

項　目		効果の内容
税務面	受取配当等の益金不算入	・配当計算期間を通じて完全支配関係がある完全子会社からの配当等を全額益金不算入とされるため、課税関係を発生させずに配当等を通じて完全子会社から完全親会社への資金の移動が可能となります。
	組織再編税制	・企業グループ間で組織再編を行った場合には、完全支配関係となるため、一定の要件を満たす場合には税制適格組織再編となり、課税関係を発生させずに資産・負債の移転等が可能となります。
	グループ法人税制	・完全支配関係となることで、グループ法人税制が適用され、グループ法人間での資産の移転に伴う課税が繰り延べられるため資産の譲渡や寄附が行いやすくなります。

法人税対応の留意事項・チェックリスト

項　　　　　目	☑
収益の税務	
1　売上は自社の売上計上基準に基づいて計上しましたか。	☐
2　棚卸資産の自家消費又は贈与した場合の処理は適正ですか。	☐
3　受取配当金の益金不算入の計算は適正ですか。	☐
4　関連法人株式等を保有するための負債利子の額は控除していますか。	☐
5　子会社に対する貸付金利率が通常より低い場合は寄附金の検討をしましたか。	☐
費用の税務	
1　役員給与のうち損金不算入とすべきものがないかを確認しましたか。	☐
2　役員に対する経済的利益も含めて過大給与か判定をしていますか。	☐
3　非常勤役員を使用人兼務役員としていませんか。	☐
4　役員に対する渡切交際費は給与としていますか。	☐
5　保険の契約内容を確認して資産に計上すべきものを検討しました。	☐
6　役員又は使用人の大部分が同族関係者である場合の保険料等は給与となることを検討しましたか。	☐
7　未払の寄附金を損金算入していませんか。	☐
8　政治団体に対する寄附金を交際費等又は会費として処理していませんか。	☐
9　交際費以外の科目に交際費等に該当するものはありませんか。	☐
10　接待飲食費用の損金算入は適正ですか。	☐
11　1人5,000円以下（令和6年4月1日以降10,000円以下）の飲食費用の損金算入は適正ですか。	☐
12　控除対象外消費税のうち、交際費に係るものの有無を検討しましたか。	☐
13　固定資産等の取得価額に交際費等がないか確認しましたか。	☐
14　仮払金、未払金であっても交際費等の額に含めましたか。	☐
15　創業記念日等の祝賀会に招待された際の祝金を交際費等としましたか。	☐
16　得意先等を海外旅行へ招待した場合に、案内のため同行した役員又は使用人の費用は交際費等としましたか。	☐
17　ゴルフに関するプレー代、会費等の費用を交際費等にしていますか。	☐
損失の税務	
1　売れ残り季節商品というだけで評価損を計上していませんか。	☐
2　時価の低下の事実がないのに1年以上遊休状態ということで評価損を計上していませんか。	☐
引当金	
1　貸倒引当金について、一括評価の対象となる貸金の範囲は正しいですか。特に、実質的に債権と見られないものについて検討しましたか。	☐

項　　　　　　　目	☑
資産の税務	
1　棚卸資産の評価方法は適正ですか。	☐
2　積送品、試送品、未着品、社外在庫品等の計上は適正ですか。	☐
3　減価償却資産の事業供用日は適正ですか。	☐
4　土地付建物を一括購入した場合に建物のみを減価償却の対象としていますか。	☐
5　土地とともに取得した中古建物をおおむね1年以内に取壊した場合は、建物の帳簿価額と取壊し費用は土地の取得価額としていますか。	☐
6　他人の建物附属設備についてした造作はその建物附属設備の耐用年数を適用していますか。	☐
7　カーテンは部屋ごとに合計した上で少額減価償却資産の判定をしましたか。	☐
8　事業の用に供していないにもかかわらず10万円未満であるとして損金に算入していませんか。	☐
9　少額減価償却資産は事業の用に供した事業年度で減価償却しますが、翌期以降に一時の損金としていませんか。	☐
10　設立時など事業年度の月数が11か月以下となる場合は、一括償却資産に係る損金算入限度額を単純に3分の1していませんか。	☐
11　一括償却資産の損金算入について検討しましたか。	☐
12　一括償却資産を除却した場合でも、3年償却を続けていますか。	☐
13　取得価額30万円未満のものについて、少額減価償却資産の損金算入及び限度額の検討をしましたか。また明細書を作成しましたか。	☐
14　機械及び装置を制御する電子計算機はその機械及び装置の耐用年数を適用していますか。	☐
15　中古資産を取得し、改良した費用は新品を取得する価額の50%超の場合には、法定耐用年数を適用していますか。	☐
16　修繕費や消耗品費に資本的支出に該当するものはありませんか。	☐
17　契約書を確認して、所有権移転外リース取引については、適正に処理しましたか。	☐
18　繰延資産について期中計上の適否を検討しましたか。	☐
19　有効期間がないレジャークラブの入会金を償却していませんか。	☐
20　得意先に自社製品名を表示した自動車を贈与した場合は、繰延資産として処理していますか。	☐
税額計算等	
1　特定同族会社の判定で同族関係者の続柄等について検討しましたか。	☐
2　留保金課税の対象法人ではありませんか。	☐
3　土地の譲渡等がある場合の特別税率について検討しましたか（令和8年3月31日までの譲渡は課税停止中）。	☐
4　税額計算で適用税率は確認しましたか。軽減税率の適用対象法人ですか。	☐

③ 消費税の対応

(1) 消費税の概要

　消費税は、国内における資産の譲渡及びサービスの提供に対して広く最終消費者に税負担を求めるものです。消費税を負担するのは最終消費者ですが、実際に納付するのは、取引の各段階で取引に参加する事業者です。事業者は課税期間における売上にかかる消費税の合計額から、仕入にかかる消費税の合計額のうち税法で定めるルールを適用して計算した税額を控除して、納付すべき消費税額を算出し、申告とともに納付します。下図は消費税の仕組みを示しています。最終消費者は商品を購入することによって消費税10,000を負担することになりますが、実際に国に消費税を申告し納付するのは、製造業者（5,000）、卸業者（2,000）、及び小売業者（3,000）です。取引段階に存在する事業者の納付額の合計額は最終消費者の負担額と等しくなります。

消費税の負担と納付の流れ

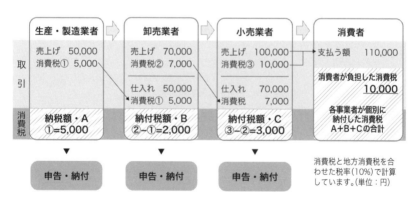

　各事業者が納付すべき消費税額は、以下の算式のとおり、課税売上にかかる消費税額から課税仕入にかかる消費税額を控除することによ

り算出されます。

> 納付すべき消費税額＝課税売上にかかる消費税額－課税仕入にかかる消費税額

　この算式において、課税売上に係る消費税額は、売上高から税抜売上高を割戻し計算により算出して、その金額に税率を乗じて算出します。一方、仕入税額は、別のルールにより計算します。

　令和5年10月に開始されたインボイス制度により、仕入税額控除のルールが大きく変わりました。我が国の消費税は平成元年（1989年）の導入時から今まで、世界に類をみない「帳簿方式」を採用していたのですが、インボイス制度の導入により世界の国々が一般に採用している方法に近づきました。しかし、我が国の消費税は、仕入税額控除を行うにはインボイスだけでなく帳簿記録の保存も必要としている点が特徴的です。

(2)　消費税対応の留意事項Q&A

Q1　消費税の申告と納付について教えてください。

A1　消費税の確定申告・納付は、課税期間の末日の翌日から2か月以内に確定申告書を提出するとともに、申告書提出期限までに税額を納付します。課税期間は、届出により3か月又は1か月ごとに短縮できます。課税期間は、法人は基本的に事業年度、個人は暦年です。

　申告期限については、法人については、法人税の申告期限の延長を受けている法人は、消費税についても1か月の延長が可能です。

　また、直前の課税期間の年税額が48万円を超える場合には、直前の課税期間の納付税額に応じて、年1回、3回または11回の中間申告

が必要になります。

Q2　消費税はどのような取引に課税されますか。

A2　消費税の課税対象取引には、「国内取引」と「輸入取引」があります。

〈国内取引〉

国内取引で課税対象になるのは、以下の要件をすべて満たす「資産の譲渡、資産の貸付け、又は役務の提供」です。

---

① 　国内において行うものであること
② 　「事業者」が事業として行うものであること
③ 　対価を得て行うものであること

〈輸入取引〉

輸入取引は事業者以外であっても引取りの際に消費税が課されます。

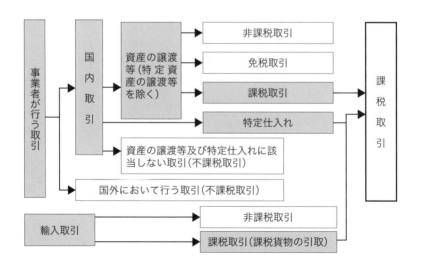

〈非課税取引〉

　取引の性格上課税になじまないもの、又は社会政策上の配慮により非課税扱いとされる取引があります。

取引の性格上課税になじまないもの	社会政策的配慮に基づくもの
・土地の譲渡・貸付 ・有価証券・支払手段の譲渡 ・利子、保証料、保険料などの金融取引 ・商品券の譲渡　など	・住宅の貸付 ・社会保険適用医療、介護保険サービス ・身体障害者用物品の譲渡、貸付け ・学校の授業料、入学金、教育用図書の譲渡　など

〈免税取引〉

　課税取引のうち税率をゼロとする取引が「免税取引」です。輸出取引は典型的な「免税取引」です。輸出を免税とする理由は、消費税は消費が行われた地において課すものと位置づけているからです。

　商品の輸出以外に、外国企業や非居住者に対する支払いが輸出取引になる場合があります。たとえば、外国企業に特許権の使用許諾をしてロイヤルティを受け取ったときや、コンサルティングをして報酬を受け取ったときは、「輸出免税」になります。

　ただし、外国企業や非居住者に対する役務提供といっても、国内にある資産の運用や、国内における飲食や宿泊など、国内において直接便益を享受するものは「課税取引」になります。また、外国企業が国内に支店を有する場合は、役務の提供が直接国外の本支店に対して行われている場合を除いて、基本的に輸出免税の適用はないものとして取り扱われます。

　輸出取引に係る免税規定の適用を受けるためには、輸出関係の帳簿・書類を作成し、確定申告期限後7年間保存しておく必要があります。

〈免税、非課税、不課税の違い〉

　「免税」は、本来は課税であるが税額の納付を免除するものです。「非課税」は、取引の性質上消費課税になじまない取引や社会政策上税を

課さないことにした取引です。税額計算のうえでこの2つは大きく違います。「非課税」取引は、納付税額の計算上、対応する仕入取引にかかる税額が控除できませんが、「免税」取引は控除できます。また、免税売上は「課税売上割合」を計算する際の分母に含めますが、非課税売上は含めません。

　そのほか「不課税」は、国外取引などそもそも消費税の課税対象にならない取引をいいます。

Q3 小規模事業者等に対する納税義務の免除について教えてください。

A3 小規模事業者等に対する免税措置として、「基準期間の事業者免税点の適用による納税義務の免除」があります。これは、「基準期間」(注1)の課税売上高が税込で1,000万円以下である事業者の納税義務を免除するものです。その場合でも、課税事業者になることを選択することも可能です。翌年度に課税仕入にかかる税額が課税売上にかかる税額よりも多くなると見込まれる場合には、課税事業者を選択すれば消費税の還付を受けられます。免税事業者は納税を免除される一方で還付を受けられません。翌年度に設備投資計画がある場合などは課税事業者を選択したほうが有利になることもあります。ただし、課税事業者選択届は提出期限があるので要注意です。なお、課税業者を選択すると2年間は免税事業者に戻れない点にも注意が必要です。消費税は申請・届出の要件が複雑で、提出を忘れた場合に遡及して提出することが基本的にできないので、要注意です。

〈免税措置が適用されない場合〉

　基準期間の課税売上高が1000万円以下でも、次の場合は免税措置

が適用されませんので注意が必要です。

① 「特定期間」における課税売上高による納税義務の免除の特例

特定期間^(注2)の課税売上高が1,000万円を超えるとき

なお、特定期間の課税売上高が1,000万円を超えるかどうかの判定については、課税売上高に代えて、特定期間中に支払った給与等の金額により判定することもできます。

② 「新設法人」の納税義務の免除の特例

設立後2年以内であるため基準期間がない法人のうち資本金の額が1,000万円以上の法人（「新設法人」といいます。）

また、新設法人が、基準期間がない課税期間（簡易課税の適用を受ける課税期間を除きます。）中に「調整対象固定資産」^(注3)の仕入れ等を行った場合には、3年間は、基準期間の課税売上高が1,000万円以下となっても納税義務は免除されません。

③ 「特定新規設立法人」の納税義務の免除の特例

基準期間がない資本金1,000万円未満の法人のうち、事業年度開始の日において課税売上高が5億円を超える者に株式等の50%超を保有されている場合（「特定新規設立法人」といいます。）

④ 「高額特定資産」を取得した場合の納税義務の免除の特例

課税事業者が、簡易課税制度が適用されない課税期間中に、「高額特定資産」の課税仕入れを行った場合は、原則としてその課税期間から3年間は免税措置が適用されず、簡易課税の選択もできません。「高額特定資産」とは、棚卸資産及び調整固定資産のうち税抜価格が1,000万円以上のものをいいます。

（注1）基準期間とは

　　　　個人事業者はその年の前々年、法人についてはその事業年度の前々事業年度をいいます。

（注2）特定期間とは

　　　　個人事業者にあってはその年の前年1月1日から6月30日までの期

間、法人にあっては前事業年度開始の日以後6月の期間をいいます。

(注3) 調整対象固定資産とは

棚卸資産以外の資産で、建物及びその附属設備、構築物、機械及び装置、船舶、航空機、車両及び運搬具、工具、器具及び備品、鉱業権その他の資産で、一の取引単位の税抜価額が100万円以上のものをいいます。

Q4 控除する仕入税額の計算方法について教えてください。

A4 仕入税額控除の方法は、下記のイ、ロのとおり、課税期間中の課税売上高と課税売上割合（以下の算式で計算）によって異なります。課税売上割合は以下の算式によりますが、これに代えて、所轄税務署長の承認を受けた「課税売上割合に準ずる割合」とすることもできます。

$$課税売上割合 \ = \ \frac{課税資産の譲渡等（課税＋免税）の対価の合計額}{資産の譲渡等（課税＋免税＋非課税）の対価の合計額}$$

イ 課税売上高が5億円以下かつ課税売上割合が95％以上の場合：
課税期間中の課税仕入税額全額を控除します。

ロ 課税売上高が5億円超又は課税売上割合が95％未満の場合：
課税売上げに対応する部分のみを控除します。計算方法は、①個別対応方式と、②一括比例配分方式のいずれかを選択します。

① 個別対応方式

まず、課税仕入の金額を下表のイ、ロ、ハの3種類に区分してそれぞれ集計します。

3つの区分	該当する費用の例
イ　課税売上対応分	売上原価になるもの
ロ　非課税売上対応分	賃貸用住宅の購入費、土地の購入費・造成費
ハ　共通対応分	課税資産と非課税資産がある場合に共通して使用される資産の取得費用や諸費用

　集計した結果を以下の算式にあてはめて仕入控除税額を算定します。

> 仕入控除税額 ＝ イ ＋ （ハ × 課税売上割合）

② 一括比例配分方式

> 仕入控除税額 ＝ 課税仕入れ等に係る消費税額 × 課税売上割合

　一括比例配分方式を選択した場合には、2年以上継続して適用した後でなければ、個別対応方式に変更することはできません。また、「課税売上割合に準ずる割合」は適用できません。

　仕入税額控除の計算については、上記のほか以下の特例措置があります。

（特例）調整対象固定資産に係る調整計算

　「調整対象固定資産」（**Q3**（注3）参照）を、購入した年度の初日から3年を経過する日に保有している場合には、3年間の通算課税売上割合が仕入年度の課税売上割合に比べて50%以上または5%以下である場合には、第3年度の仕入税額に加算又は減算する調整を行う必要があります。

Q5 簡易課税制度について教えてください。

A5 　基準期間における課税売上高が5,000万円以下（免税売上は含み、売上対価の返還額は含みません。）の事業者は、簡易課税選択適用届出書を提出することによって、通常の控除仕入税額の計算に代えて「みなし仕入率」を適用する方法によることができます。みなし仕入率は事業の種類に応じて下表のとおり6種類の区分があります。

　年間を通じた仕入率の実績値がみなし仕入率よりも低い場合には、本則課税よりも簡易課税のほうが税負担は小さくなります。そのため、翌年度の仕入率の実績値を見込んだうえでどちらを選択することになります。ただし、判断する際には、簡易課税を選択すれば消費税の計算にかかる事務負担が大幅に軽減できる点も考慮する必要があります。

　簡易課税を取りやめたいときは、「消費税簡易課税制度選択不適用届出書」を提出することで、翌期から原則課税に戻れますが、不適用届は簡易課税を2年間適用した後でなければ提出できません。

　また、調整対象固定資産や高額特定固定資産の仕入れを行った課税期間から3年間は簡易課税の選択はできません。

事業区分	みなし仕入率	該当する事業
第一種事業	90%	卸売業
第二種事業	80%	小売業
第三種事業	70%	農業、林業、漁業、鉱業、建設業、製造業
第四種事業	60%	第一、第二、第三、第五、第六種事業以外の事業。飲食店業など
第五種事業	50%	運輸通信業、金融・保険業 、サービス業（飲食店業を除く）をいい、第一種から第三種事業までの事業を除く。
第六種事業	40%	不動産業

　なお、2種類以上の事業を営む場合のみなし仕入率は別途計算式があります。また、ひとつの事業の売上高が全体の75％以上を占める場合は、その事業区分のみなし仕入率が適用できます。

Q6　インボイス制度により何が変わったのですか。

A6　令和5年（2023年）10月1日にインボイス制度（適格請求書保存方式）の適用が始まりました。同日の前後で大きく変わった点は、①適格請求書の保存がない仕入については仕入税額控除ができなくなったこと（これまでは消費税を納付していない者からの仕入でも計算上の仕入税額相当額が控除できました。）、②適格請求書は登録した事業者しか発行できないこと、及び③登録すれば必ず課税事業者になること、です。これまで免税事業者であった者がインボイスを発行できるようになるために登録すると、免税措置が受けられなくなり、消費税の申告納付が必要になります。登録するかしないかは事業者の自由ですが、登録しない場合、請求書を受け取った相手方は、仕入税額控除ができなくなります。そのため、相手方から登録を求められるかもしれませんし、消費税分の値引きを求められるかもしれません。どうするかは基本的に話し合いで決めるのがよいでしょう。取引関係の優位な立場を利用して一方的に取引を打ち切ったり値下げを強要することは、独占禁止法や下請法に違反するおそれがあります。

〈負担軽減措置〉

　インボイス制度への対応による税や事務の負担を軽減するために以下の措置が適用されています。

・インボイス登録をしていない事業者からの仕入れでも、令和5年10月から3年間は、帳簿にその旨を記載すれば、仕入税額相当

額の80%、その後の3年間は50%を控除できます。

・インボイス制度を機に免税事業者からインボイス発行事業者として課税事業者になった者は、令和5年10月1日から令和8年9月30日までの日の属する課税期間においては、申告書の該当欄に✓をつけるだけで、納付税額を課税売上高の20%とする特例の適用を受けられます（いわゆる2割特例）。

・基準期間の課税売上高が1億円以下の事業者は、令和5年10月1日から6年間は、税込1万円未満の課税仕入れについては、適格請求書の保存がなくても帳簿の記載だけで仕入税額控除ができます（いわゆる少額特例）。

・小規模事業者に限らず、すべての事業者は、1万円未満の値引・返品等について返還インボイスは不要です。

COLUMN

海外発オンラインゲームの配信に関する課税

　海外からオンラインゲームや電子書籍を購入した場合、平成27年の消費税法改正までは、役務提供地が不明の場合は、役務提供者の所在地を課税地としていたため、日本では課税できませんでした。平成27年の改正でリバースチャージ方式が導入され、購入者が事業者である場合（BtoB取引）は、購入者に納税義務を課すことになりました。

　同時に、国外事業者からの仕入については、国外事業者が納税していないにも関わらず仕入税額控除を適用して還付を受けるということを回避するため、登録国外事業者からの仕入についてのみ仕入税額控除ができることとしました。その後、インボイス制度への移行にともない、国外事業者登録制度は廃止され、登録国外事業者事業者はインボイス登録事業者として認められています。インボイス登録のない国外事業者からの仕入については仕入税額控除はできません。

　平成27年改正の際、消費者向け取引については、消費者に納税義務を課すことは現実的ではないことから、引き続き国外事業者に納税義務を課すこととしました。しかし、国外事業者の多くは日本国内に拠点がなく、小規模事業者が多いため、課税もれが懸念されていました。昨今のオンラインゲーム市場の急速な拡大で早期に手当する必要が認識されています。オンラインゲームの配信の仕組みは、海外のゲーム提供業者がアプリストアを介して消費者にゲームを販売しますが、アプリストアの場所を提供するGoogleやAmazonなどの大手デジタルプラットフォーム運営事業者は手数料を徴収して取引の仲介を行うのみで、それ自身には納税義務はなく、海外のゲーム提供事業者に納税義務が課されています。最近、国税当局が海外の大手ゲーム提供会社に消費税課税を行ったとの新聞報道がありましたが、ゲーム提供業者の多くは日本に拠点がなく、また中小事業者が多いことから課税もれが多いのではないかと懸念されています。

　これに対して、令和6年度税制改正では、デジタルプラットフォーム提供事業者を最終消費者への役務提供者とみなして納税義務を課すといった、課税制度そのものの見直しが実施されます。

消費税チェックリスト

	項　　　　　　　目	☑
1	基準期間の課税売上高が1,000万円以下であっても、特定期間（前事業年度の最初の6か月）の売上高が1,000万円を超えると消費税の納税義務者になるが、免税としていないか。	☐
2	特定期間の1,000万円の判定は給与支払額によることもできるのに、売上高だけをみていないか。	☐
3	基準期間がない法人の事業年度の開始の日における資本金が1,000万円以上である法人を免税扱いしていないか。	☐
4	免税期間に多額の設備投資等をする場合、消費税の還付を受けるためには、前課税年度の末日（新規開業の場合は当該年度の末日）までに課税事業者選択届出書の提出が必要であるが、失念していないか。	☐
5	課税事業者選択届出書を提出した場合は、2年間は課税事業者をやめることはできないことを失念していないか。	☐
6	新設法人の特例や高額特定資産を取得した場合の特例等により、事業者免税点制度が制限されるが、処理に誤りはないか。	☐
7	1か月未満の土地の貸付を非課税売上としていないか。	☐
8	簡易課税選択届の提出期限は適用を受けようとする課税年度の初日の前日であるが、届出を失念していないか。	☐
9	簡易課税は2年間続けた後でなければ、簡易課税不適用届出書が提出できないことを知っているか。	☐
10	仕入税額控除の適用要件に、インボイスのほか帳簿記録も必要としている場合があるが、適切に記録しているか。	☐
11	給与と外注費は適切に区別しているか。（源泉税の取扱いとともに消費税の取扱いも異なる。）	☐
12	商品券、ギフト券、旅行券等の購入対価は非課税であるが、仕入税額控除を適用していないか。	☐
13	車輌等の購入を行った場合は、下取り額が課税売上になり、購入額全体が課税仕入れになるが、処理に誤りはないか。	☐
14	目的物の引渡しや役務提供完了前に支払った着手金、中間金等を課税仕入れとしていないか。	☐
15	課税売上割合の計算をする際の分子、分母に消費税額を含めていないか。	☐
16	課税売上割合の計算をする際の分子、分母に不課税取引の額を含めていないか。	☐
17	課税売上割合の計算をする際の分母に含める有価証券や金銭債権の譲渡対価を、譲渡対価の5%としているか。	☐
18	課税売上割合が95%以下又は課税売上高が5億円超にもかかわらず仕入税額を全額控除していないか。	☐

	項　　　　　　　目	☑
19	個別対応方式により仕入税額控除を計算する場合において、「課税資産の譲渡等にのみ要するもの」の区分に、「非課税取引にのみ要するもの」や「課税・非課税に共通するもの」を含めていないか。	☐
20	インボイス登録事業者でない者からの仕入については、最初の3年間は80%、その後の3年間は50%の控除ができるとの経過措置があるが、適用を失念していないか。	☐

4 相続税・贈与税の対応

(1) 相続税・贈与税の概要

① 相続税

　相続税は、相続または遺贈（死因贈与を含みます。）により財産を取得した場合に、その取得した財産の価額を課税標準として課される税です。

　相続税の計算の全体像は、次図のとおり「相続税の総額の計算」と「各人の納付税額の計算」の二段階となっています。「相続税の総額の計算」は、遺産総額に基づき、実際の遺産の取得状況にかかわらず法定相続人が法定相続分によって遺産を取得したものとして、まず、「総額」を計算します。次に、その「総額」を実際に遺産を取得した者の遺産の取得割合に応じて按分していきます。この按分の対象となる者には、法定相続人以外で遺産を取得した者（受遺者等）も含まれます。

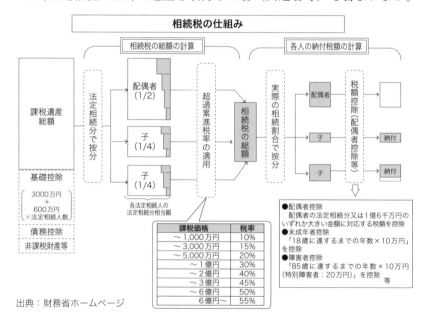

出典：財務省ホームページ

② 贈与税

贈与税は、個人から贈与により財産を取得した者に課される税です。

「贈与」は、当事者の一方が自己の財産を無償で相手に与える意思表示をし、相手方がこれを受諾することによって成立する契約です。この意思表示は、口頭でも書面でもいいとされています。このように、「贈与」は、相続と違って移転の時期、移転する財産を選択することができます。

贈与税の課税方法には、「暦年課税」と「相続時精算課税」の2つがあり、受贈者は贈与者ごとにそれぞれの課税方法を選択することができます。

1 暦年課税の仕組み

暦年課税の概要

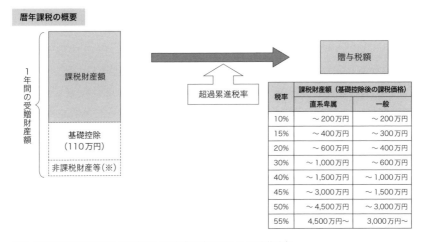

税率	課税財産額（基礎控除後の課税価格）	
	直系卑属	一般
10%	〜200万円	〜200万円
15%	〜400万円	〜300万円
20%	〜600万円	〜400万円
30%	〜1,000万円	〜600万円
40%	〜1,500万円	〜1,000万円
45%	〜3,000万円	〜1,500万円
50%	〜4,500万円	〜3,000万円
55%	4,500万円〜	3,000万円〜

（※）扶養義務者相互間の生活費又は教育費に充てるための受贈財産
　　　婚姻期間が20年以上の配偶者から贈与を受ける居住用不動産（限度：2,000万円）等

2 相続時精算課税の仕組み

	制度の仕組み	3,000万円を生前贈与し、1,500万円を遺産として残す場合の計算例 （平成27年1月1日以後の相続で、法定相続人が配偶者と子2人の場合）	【参考】暦年課税の場合
贈与時	① 贈与財産額から**基礎控除額を控除した残額**を贈与者の相続開始まで累積 ② 累積で2,500万円の非課税枠 ③ 非課税枠を超えた額に一律20%の税率	（贈与額）3,000万円　2,890万円　基礎控除110万円 (注)　（基礎控除 (注) の累積贈与額）2,890万円　20%課税　特別控除2,500万円　→ 納付税額 **78万円**	納付税額1,036万円
相続時	**基礎控除後の累積贈与額** (注) を相続財産の価額に加算して、相続税額を精算	相続額1,500万円　基礎控除後の累積贈与額2,890万円　4,390万円＜基礎控除：4,800万円　→ ・無税　・贈与時の納付税額78万円は還付	無税

合計納税額 | 0円 | 1,036万円

○ 相続時精算課税制度を選択できる場合
　　贈与者：60歳以上の者
　　受贈者：18歳以上の贈与者の直系卑属である推定相続人及び孫

（注）相続時精算課税制度における基礎控除については、令和6年1月1日以後の贈与について適用されます。

出典：財務省ホームページ

③ 令和5年度税制改正

　令和5年度税制改正は、相続税、贈与税について資産移転の時期の選択により中立的税制の構築に向けて、当面、以下のように相続時精算課税制度の使い勝手の向上と暦年課税における相続前贈与の加算期間等の見直しが行われました。

・相続時精算課税における基礎控除（110万円）の創設

・暦年課税における生前贈与により取得した財産が相続財産に加算される期間を相続開始前3年以内から7年に延長

・延長された4年間に贈与により取得した財産の価額については、総額100万円まで加算対象外

(2) 相続税・贈与税対応の留意事項Q&A

> ### 相　続　税

Q1 相続税の申告が必要な場合について教えてください。
（相続人の範囲、基礎控除額等）

A1 ### 1　相続税の申告が必要な者

　被相続人から相続または遺贈により財産した者の課税価格（純財産）の合計額が遺産に係る基礎控除額を超える場合、その財産を取得した者は相続税の申告書を提出する必要があります。

2　遺産に係る基礎控除額

3,000万円 ＋（600万円 × 法定相続人の数）

※「法定相続人の数」は、相続人のうち相続の放棄をした者があっても、その放棄がなかったものとした場合の相続人の数をいいますが、被相続人に養子がいる場合に法定相続人の数に含める養子の数は、実子がいるときは1人、実子がいないときは2人までとなります。

　昭和の終わりころに、相続開始直前の養子縁組によって法定相続人の数を増やす事例が多く発生したことを受けて、相続税の計算に限って措置されたものです。このため、民法上の養子の地位（実子と同じ地位）について変わりはありません。

3　相続人の範囲と相続分

民法では、相続人の範囲と順位については次のとおり定めています。

①　被相続人の配偶者は常に相続人となります。

②　次の人は、次の順位で配偶者とともに相続人となります。

〈第1順位〉被相続人の子（子が被相続人の相続開始以前に死亡しているときは、孫（直系卑属）が相続人となります。）

〈第2順位〉被相続人に子や孫（直系卑属）がいないときには、被相続人の父母（父母が被相続人の相続開始以前に死亡しているときは、被相続人の祖父母（直系尊属）が相続人となります。）

〈第3順位〉被相続人に子や孫（直系卑属）も父母や祖父母（直系尊属）もいないときは、被相続人の兄弟姉妹（兄弟姉妹が被相続人の相続開始以前に死亡しているときは、被相続人のおい、めい（兄弟姉妹の子）が相続人となります。）

③ 相続人の相続分

順　位	各相続人	法定相続分
第1順位	配偶者	1／2
	子	1／2
第2順位	配偶者	2／3
	直系尊属	1／3
第3順位	配偶者	3／4
	兄弟姉妹	1／4

Q2 相続税の納税義務者の範囲について教えてください。
（住所、国籍の判定、これらの組み合わせ）

A2 **1　個人が相続または遺贈により財産を取得した場合**

個人が相続または遺贈により財産を取得した場合には相続税の納税義務者となります。

ただし、人格のない社団や持分の定めのない法人も遺贈により財産を取得した場合には相続税が課税される場合があります。

2　個人が納税義務者の場合

　相続税の納税義務者は、無制限納税義務者と制限納税義務者に分かれ、無制限納税義務者は財産が日本国内または日本国外に所在するかを問わず、全ての財産が課税対象となる一方、制限納税義務者は日本国内に所在する財産だけが課税対象となります。

　この区分により課税財産の範囲が大きく変わるため、納税者サイドの動向をみながらこれまで幾度も改正が行われ、無制限納税義務者の範囲が拡大してきています。

判定表

被相続人 贈与者 ＼ 相続人・受遺者・受贈者	国内に住所あり	一時居住者（在留資格があり15年以内で国内住所が10年以下）	国内に住所なし 日本国籍あり 10年以内に国内に住所あり	国内に住所なし 日本国籍あり 10年以内に国内に住所なし	国内に住所なし 日本国籍なし
国内に住所あり（一時居住被相続人／一時居住贈与者：在留資格があり15年以内で国内住所が10年以下）	居住無制限納税義務者	居住制限納税義務者	非居住無制限納税義務者	非居住制限納税義務者	非居住制限納税義務者
国内に住所なし（10年以内に国内に住所あり／非居住外国人：非居住被相続人・非居住贈与者／非居住被相続人・非居住贈与者・10年以内に国内に住所なし）	居住無制限納税義務者	居住制限納税義務者	非居住無制限納税義務者	非居住制限納税義務者	非居住制限納税義務者

　複雑な表ですが、それだけ規定が複雑ということです。見方は、まず、縦に相続人の項目を当てはめ、次に、横に被相続人の項目を当てはめていくことになります。交わったところが判定結果です。その結果、呼称は別として、無制限納税義務者となればすべての財産が課税対象となり、制限納税義務者となれば日本国内の財産だけが課税対象となります。

3　人格のない社団、持分の定めのない法人が納税義務者の場合

　代表者等の定めのある人格のない社団（町内会等）や持分の定めのない法人が遺贈により財産を取得した場合で、親族の相続税または贈与税の負担を不当に減少させる結果となるときは、法人を個人とみなして、相続税の納税義務者となります。

Q3　課税対象となる財産の範囲について教えてください。
（本来の相続財産とみなし相続財産、贈与された財産、非課税財産）

A3　**1　本来の相続財産**

　　　　財産とは、金銭に見積もることのできる経済的価値のあるすべてのものをいい、土地、建物、株式や公社債などの有価証券、現金預貯金、家庭用財産、貴金属、宝石、書画骨とうなどが主な財産となります。本来の相続財産は、遺産分割協議の対象となります。

　なお、財産の名義にかかわらず、被相続人の財産で家族の名義となっているもの（預貯金など）も相続財産に含まれます。

2　みなし相続財産

　被相続人の死亡に伴い支払われる「生命保険金」、「退職手当金」、「生命保険契約に関する権利」などは、相続または遺贈によって取得したものとみなされ、相続税の課税対象となります。

　これらの財産は、民法上の相続または遺贈により取得した財産ではありませんが、実質的には相続または遺贈により財産を取得したことと同様な経済的効果があると認められますので、相続税法において相続税の課税財産としています。

　主だった財産である「生命保険金」と「退職手当金」について説明します。

① 生命保険金

被相続人の死亡により取得した生命保険契約の保険金や偶然の事故に基因する死亡に伴い支払われる損害保険契約の保険金で、その保険金のうち被相続人が負担した保険料に対応する部分の保険金が相続財産とみなされます。

② 退職手当金

被相続人の死亡によって受け取った被相続人に支給されるべきであった退職手当金、功労金その他これらに準ずる給与で、被相続人の死亡後3年に以内に確定したものは、相続財産とみなされます。

3 贈与された財産

生前に贈与された財産であっても、次に掲げる場合には、その贈与財産を相続財産に加算して相続税を計算します。この場合、その贈与財産の価額は贈与時の価額となります。

なお、贈与時に課された贈与税は、相続税の計算上控除されます。

① 被相続人から取得した相続時精算課税適用財産

被相続人から生前に贈与を受け、贈与税の申告の際に相続時精算課税を適用していた場合、その財産は相続税の課税対象となります。

② 被相続人から相続開始前7年以内に取得した暦年課税適用財産

被相続人から相続または遺贈により財産を取得した者が、被相続人が亡くなる前7年以内に被相続人から贈与を受けた財産は、相続税の課税対象となります。

(注) Q7の表参照。なお、加算期間は、3年から順次延長し、令和13年から7年に移行します。令和6年1月1日以後に贈与により取得する財産に適用されます。

4 非課税財産

相続税では、相続または遺贈により取得したすべての財産が課税対

象となります。しかし、これらの財産の中には、その性質、社会政策的な見地、国民感情などから相続税の課税対象とすることが適当でないものがあります。

そこで、相続税法では、このような財産については相続税の課税対象としないこととしています。主なものは次のとおりです。

① 墓地、霊びょう、仏壇、仏具など

② 公益事業を行う者が相続または遺贈により取得した財産で、その公益事業の用に供することが確実なもの

③ 相続人が受け取った生命保険金など（みなし相続財産）のうち、一定額（500万円×法定相続人数）

④ 相続人が受け取った退職手当金など（みなし相続財産）のうち、一定額（500万円×法定相続人数）

⑤ 相続財産などを申告期限までに国などに寄附した場合におけるその寄附財産

Q4 控除できる債務・葬式費用の範囲について教えてください。

A4 **1 控除できる債務**

① 被相続人の債務は、相続財産から控除することができます。控除される債務は、相続開始の際現に存するもので、確実と認められるものに限ります。控除すべき公租公課の金額は、被相続人の死亡の際に債務の確定しているものの金額のほか、被相続人に係る準確定申告書の税額も含まれます。

② 被相続人の債務であっても、相続税の非課税財産（墓所、霊びょう、祭具、個人の公益事業用財産）の取得、維持または管理のために生じた債務の金額は、債務控除の対象とはなりません。

2 控除できる葬式費用

被相続人の葬式で相続人の負担した葬式費用は、相続財産から控除することができます。

葬式費用とは、①寺への支払い、②葬儀社への支払い、③通夜に要した費用などです。

なお、墓地、墓碑などの購入費用、香典返しの費用、法要に要した費用などは、葬式費用には含まれません。

Q5 相続税の主な特例（配偶者の税額軽減、小規模宅地等の特例、事業承継税制）について教えてください。

A5 相続税の主な特例は、配偶者の税額軽減、小規模宅地等の特例、事業承継税制であり、いずれの特例も税負担の軽減効果が大きくなっています（事業承継税制については別項で詳述します。）。

① 配偶者の税額軽減

被相続人の配偶者の課税価格が16,000万円までか、配偶者の法定相続分相当額までであれば、配偶者に相続税はかかりません。

② 小規模宅地等の特例

被相続人または被相続人と生計を一にする親族の事業の用または居住の用に供されていた宅地等がある場合には、一定の要件（取得者、面積）の下に、相続税の課税価格に算入すべき宅地等の価額の計算上、80％または50％を減額します。

（注）いずれの特例も遺産分割協議が前提となっていますので、申告期限までに遺産分割協議が成立する必要があります。

Q6 相続税の申告に当たって準備が必要な点について教えてください。

A6 相続税の申告のためには、相続人の確認、遺言の有無、遺産と債務の確認、遺産の評価、遺産の分割などの手続が必要です。以下そのあらましを説明します(P115〜116「チェックリスト」も活用してください。)。

① 相続人の確認

被相続人と相続人の本籍地から戸籍謄本を取り寄せて相続人を確認します。

② 遺言書の有無の確認

遺言書があれば遺言書を開封する前に家庭裁判所で検認を受けます。ただし、公正証書による遺言は検認を受ける必要はありません。

③ 遺産と債務の確認

遺産と債務を調べてその目録や一覧表を作っておきます。

また、葬式費用も遺産額から差し引きますので、領収書などで確認しておきます。

④ 遺産の評価

相続税がかかる財産の評価については、相続税法と財産評価基本通達により定められ一般に公表されていますので、それらにより評価します。その年の土地の相続税評価額の基となる路線価は毎年7月に公表されます。

⑤ 遺産の分割

遺言書がある場合にはそれによりますが、遺言書がない場合には、相続人全員で遺産の分割について協議をし、遺産分割協議が成立した場合には、遺産分割協議書を作成してください。

なお、相続人のなかに未成年者がいる場合には、その未成年者につ

いて家庭裁判所で特別代理人の選任を受けなければならない場合があります。この場合、特別代理人が、その未成年者に代わって遺産の分割協議を行います。

また、期限までに分割できなかったときは民法に規定する相続分で相続財産を取得したものとして相続税の申告をすることになります。

⑥　申告と納税

相続税の申告と納税は、被相続人が死亡したことを知った日の翌日から10か月以内に行うことになっています。また、被相続人の死亡の時における住所が日本国内にある場合の申告書の提出先、納税先はいずれも被相続人の住所地を所轄する税務署です。相続人の住所地ではありません。

相続税は、申告書の提出期限までに金銭で納めるのが原則です。

しかし、相続税の納税については、何年かに分けて金銭で納める延納と相続又は遺贈で取得した財産そのもので納める物納という制度があります。この延納、物納を希望する方は、申告書の提出期限までに税務署に申請書などを提出して許可を受ける必要があります。

COLUMN

相続人名義の預金の取扱いと民法改正について

1 相続人名義の預金の取扱い

相続税の調査において、課税当局が多く指摘するのは、相続人など家族名義の預金が相続財産に該当するかどうかです。

国税庁は、誤りやすい事例として、「名義にかかわらず、被相続人が取得等のための資金を拠出していたことなどから被相続人の財産と認められるものは相続税の課税対象となります。したがって、被相続人が購入（新築）した不動産でまだ登記をしていないものや、被相続人の財産と認められる預貯金、株式、公社債、貸付信託や証券投資信託の受益証券等で家族の名義や無記名のものなどの被相続人名義以外のものも、相続税の申告に含める必要があります。」としています。

申告に当たっては、家族名義の財産の帰属についても十分検討する必要がありますので、ご注意ください。

2 民法改正について

平成30年7月に成立した「民法及び家事事件手続法の一部を改正する法律」は令和2年4月までに施行されました。民法のうち相続法については、昭和55年に改正されて以来大きな見直しは行われず、一方この間、我が国における平均寿命は延び、社会の高齢化が進展するなど社会経済の変化が生じていることから、今回の改正は、このような変化に対応するために、相続法に関するルールを大きく見直した、と説明されています。

具体的には、

⑴ 被相続人の死亡により残された配偶者の生活への配慮等の観点から、
　　① 配偶者居住権の創設
　　② 婚姻期間が20年以上の夫婦間における居住用不動産の贈与等に関する優遇措置
⑵ 遺言の利用を促進し、相続をめぐる紛争を防止する観点から、

　　①　自筆証書遺言の方式緩和
　　②　法務局における自筆証書遺言の保管制度の創設
　⑶　その他、預貯金の払戻し制度の創設、遺留分制度の見直し、特
　　　別の寄与料の創設　など
ですが、相続税の計算は民法のルールを基礎としていますので、これ
らの改正のうち、配偶者居住権の創設、遺留分制度の見直し、特別の
寄与料の創設については、相続税の計算に影響があります。

贈　与　税

Q7 　暦年課税と相続時精算課税の比較について教えてください。

A7 　贈与税の課税方法には、次のように「暦年課税」と「相続時精算課税」の2つがあり、受贈者は贈与者ごとにそれぞれの課税方法を選択することができます。このため、子供が、父親からの贈与について「相続時精算課税」を、母親からの贈与について「暦年課税」を選択するというようなことができます。

贈与税の課税方式（暦年課税と相続時精算課税）の比較

贈与税の課税方法は、受贈者が「暦年課税」又は「相続時精算課税」を選択できます。

区　分	暦年課税	相続時精算課税 （相続税・贈与税の一体化措置）	
贈与者・ 受贈者	親族間のほか、 第三者からの贈与を含む。	60歳以上の者から 18歳以上の推定相続人及び孫への贈与	
選択	不要	必要（贈与者ごと、受贈者ごとに選択） →一度選択すれば、相続時まで継続適用	
課税時期	贈与時（その時点の時価で課税）	同左	
控除	基礎控除（毎年：110万円）	【～R5.12.31】 特別控除：2,500万円 （限度額まで複数回 使用可）	【～R6.1.1】 基礎控除（毎年）： 110万円 特別控除：2,500万円 （限度額まで複数回 使用可）
税率	10%～55%の8段階	一律20%	

	【〜 R5.12.31】	【〜 R5.12.31】
相続時	相続前3年以内に受けた贈与財産を相続財産に加算【R6.1.1 〜】相続前7年以内に受けた贈与財産を相続財産に加算（4〜7年前に受けた贈与については、総額100万円まで加算しない。）	贈与財産を贈与時の時価で相続財産に加算（相続税額を超えて納付した贈与税は還付）【R6.1.1 〜】贈与財産を贈与時の時価（基礎控除額を除く。）で相続財産に加算（相続税額を超えて納付した贈与税は還付）

出典：財務省ホームページ

Q8 贈与税の非課税財産について教えてください。

A8　贈与税は、原則として贈与を受けたすべての財産が課税対象となりますが、その財産の性質や贈与の目的などからみて、次に掲げる財産（主なもの）については贈与税の課税対象としないこととしています。

①　法人からの贈与により取得した財産

　贈与税は個人から財産を贈与により取得した場合にかかる税であり、法人から財産を贈与により取得した場合には贈与税ではなく所得税（一時所得）がかかります。

②　夫婦や親子、兄弟姉妹などの扶養義務者から生活費や教育費に充てるために取得した財産で、通常必要と認められるもの

　ここでいう生活費は、その人にとって通常の日常生活に必要な費用をいい、また、教育費とは、学費や教材費、文具費などをいいます。

　なお、贈与税がかからない財産は、生活費や教育費として必要な都度直接これらに充てるためのものに限られます。したがって、生活費や教育費の名目で贈与を受けた場合であっても、それを預金したり株式や不動産などの買入資金に充てている場合には贈与税がかかること

になります（この原則的な考え方に対する特例措置として、下記「⑥」の非課税措置が創設されています。）。

③ 宗教、慈善、学術その他公益を目的とする事業を行う一定の者が取得した財産で、その公益を目的とする事業に使われることが確実なもの

④ 個人から受ける香典、花輪代、年末年始の贈答、祝物又は見舞いなどのための金品で、社会通念上相当と認められるもの

⑤ 直系尊属から贈与を受けた住宅取得等資金のうち一定の要件を満たすものとして、贈与税の課税価格に算入されなかったもの

⑥ 直系尊属から一括贈与を受けた教育資金のうち一定の要件を満たすものとして、贈与税の課税価格に算入されなかったもの

Q9 贈与税の課税対象となるみなし贈与について教えてください。

A9 みなし贈与は、贈与税において悩ましい点の一つで、①生命保険金、②定期金、③低額譲受け、④債務免除等、⑤その他の利益の享受が対象となります。

このうち、特に注意するのは以下に掲げる点です。これらに該当する場合には、納税資金が準備できないようなケースも多いので、税理士等に確認しておくことが必要です。

1 低額譲受け

個人から著しく低い価額の対価で財産を譲り受けた場合には、その財産の時価と支払った対価との差額に相当する金額は、財産を譲渡した者から贈与により取得したものとみなされます。著しく低い価額の対価であるかどうかは、個々の具体的事案に基づき判定することにな

りますが、課税実務では「時価」を下回った場合をいいます。

　時価とは、その財産が土地や借地権などである場合及び家屋や構築物などである場合には通常の取引価額に相当する金額を、それら以外の財産である場合には相続税評価額をいいます。

2　債務免除等

　対価を支払わないで、又は著しく低い対価で債務の免除、引受け又は第三者のためにする債務の弁済による利益を受けた場合には、その利益を受けた者が、債務免除等が行われた時にその債務免除等に係る債務の金額を、その債務免除等をした者から贈与により取得したものとみなされます。

3　その他の経済的利益の享受

　対価を支払わないで、または著しく低い対価で利益を受けた場合には、その利益を受けた人が、その利益の価額に相当する金額を、その利益を受けさせた者から贈与により取得したものとみなされます。範囲は広いですが、例えば次のようなケースです。

① 例えば親子間で、実質的に贈与であるにもかかわらず形式上貸借としている場合や「ある時払いの催促なし」または「出世払い」というような貸借の場合には、借入金そのものが贈与として取り扱われます。

② 同族会社の株式または出資の価額が、例えば、次に掲げる場合に該当して増加したときにおいては、その株主または社員が当該株式または出資の価額のうち増加した部分に相当する金額を、それぞれ次に掲げる者から贈与によって取得したものとして取り扱われます。

⑴ 会社に対し無償で財産の提供があった場合　当該財産を提供した者

⑵　時価より著しく低い価額で現物出資があった場合　当該現物
　出資をした者

⑶　対価を受けないで会社の債務の免除、引受けまたは弁済が
　あった場合　当該債務の免除、引受けまたは弁済をした者

⑷　会社に対し時価より著しく低い価額の対価で財産の譲渡をし
　た場合　当該財産の譲渡をした者

Q10 贈与税の主な特例（配偶者控除、住宅取得等資金贈与、教育資金贈与等）について教えてください。

A10 **1　配偶者控除**

　　　婚姻期間が20年以上の夫婦の間で、居住用不動産または
居住用不動産を取得するための金銭の贈与が行われた場合、基礎控除
110万円のほかに最高2,000万円まで控除（配偶者控除）できます。

⑴　夫婦の婚姻期間が20年を過ぎた後に贈与が行われたこと

⑵　配偶者から贈与された財産が、居住用不動産であることまたは
　居住用不動産を取得するための金銭であること

⑶　贈与を受けた年の翌年3月15日までに、贈与により取得した
　居住用不動産または贈与を受けた金銭で取得した 居住用不動産
　に、贈与を受けた者が現実に住んでおり、その後も引き続き住む
　見込みであること

2 住宅取得等資金贈与

親・祖父母等（贈与者）から住宅取得等の資金の贈与を受けた場合、非課税限度額まで非課税とする。
（令和4年1月1日～令和8年12月31日までの措置）

■適用要件
● 住宅面積：床面積50㎡以上240㎡以下の住宅用家屋（合計所得金額が1,000万円
　　　　　　以下の者：下限を40㎡以上に引下げ）
● 受 贈 者：直系卑属（合計所得金額2,000万円以下、18歳以上）

■非課税限度額

住宅の区分	非課税限度額
一定の耐震性能、省エネ性能 又はバリアフリー性能を有する住宅	1,000万円
上記以外の住宅	500万円

出典：財務省ホームページ

3 教育資金贈与等

制度の概要

　平成25年4月1日から令和8年3月31日までの間に、30歳未満の方（受贈者）が、
教育資金に充てるため、金融機関等との一定の契約に基づき、受贈者の直系尊属（贈与者）
から①信託受益権を取得した場合、②書面による贈与により取得した金銭を銀行等に預入
をした場合又は③書面による贈与により取得した金銭等で証券会社等で有価証券を購入し
た場合（以下「教育資金口座の開設等」といいます。）には、その信託受益権等の価額の
うち1,500万円までの金額に相当する部分の価額については、受贈者が金融機関等の営業
所等に教育資金非課税申告書の提出等をすることにより、贈与税が非課税となります。

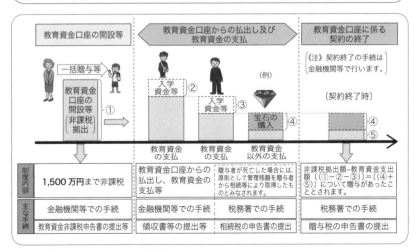

出典：国税庁ホームページ（一部修正）

COLUMN

暦年課税と相続時精算課税の比較

　暦年課税と相続時精算課税のどちらが有利かということは贈与の時期、財産の種類、贈与財産価額等によって異なるため一概には言えませんが、令和5年度の税制改正により、相続税・贈与税を通じた暦年課税の税負担が高まる一方、相続時精算課税の税負担が下がることになったので、両者の選択の幅が広がったといえます。

　例えば、暦年課税と相続時精算課税による相続税・贈与税の負担を次のように長期間にわたって毎年贈与していくようなケースについて試算すると相続時精算課税の方が有利な状況となっています。

○暦年課税と精算課税の改正前後の相続税・贈与税の税負担比較
　（ケース：毎年110万円を10年間贈与）

（単位：万円）

区　分	暦年課税	精算課税
① 累積贈与財産額	1,100	1,100
② うち相続税課税価格への加算額	(330) 670	(1,100) 0
③ 累積贈与税額	(0) 0	(220) 0
④ ②に対する算出相続税額	(66) 134	(220) 0
⑤ 贈与税額控除	(0) 0	(220) 0
⑥ 差引相続税額（④−⑤）	(66) 134	(0) 0
⑦ 合計負担額（③＋⑥）	(66) 134	(220) 0

（注）1　各欄の本書は改正後の数値で、（　）内は改正前の数値。
　　　2　暦年課税における②欄の加算額は、「110万円×7年−100万円」で算出。
　　　3　④欄「②に対する算出相続税額」は
　　　　　「②欄の相続税課税価格への加算額×税率20%」で算出（「20%」は仮の数値）
　　　4　精算課税における特別控除額（2,500万円）は、考慮していない。

財産評価

Q11 土地評価における路線価方式と倍率方式について教えてください。

A11 路線価方式は、路線価が定められている地域の評価方法です。路線価とは、路線（道路）に面する標準的な宅地の1平方メートル当たりの価額のことで、千円単位で表示しています。

路線価方式における土地の価額は、路線価をその土地の形状等に応じた奥行価格補正率などの各種補正率で補正した後に、その土地の面積を乗じて計算します。

① **路線価方式**

路線価を基とした評価額の計算例

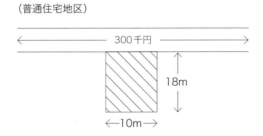

（普通住宅地区）

【計算例】

（正面路線価） × （奥行価格補正率） × 　　　（面積）
　300千円　　 × 　　　1.00　　　 × 　180平方メートル
＝54,000千円（評価額）

② **倍率方式**

倍率方式は、路線価が定められていない地域の評価方法です。倍率方式における土地の価額は、その土地の固定資産税評価額（都税事務

所、市区役所又は町村役場で確認してください。）に一定の倍率を乗じて計算します。

Q12　上場株式の評価方法について教えてください。

A12　上場株式とは、金融商品取引所に上場されている株式をいいます。

上場株式は、その株式が上場されている金融商品取引所が公表する課税時期（相続または遺贈の場合は被相続人の死亡の日、贈与の場合は贈与により財産を取得した日）の最終価格によって評価します。

ただし、課税時期の最終価格が、次の三つの価額のうち最も低い価額を超える場合は、その最も低い価額により評価します。

①　課税時期の月の毎日の最終価格の平均額

②　課税時期の月の前月の毎日の最終価格の平均額

③　課税時期の月の前々月の毎日の最終価格の平均額

Q13　取引相場のない株式の評価方法について教えてください。

A13　原則的評価方式は、評価する株式を発行した会社を総資産価額、従業員数及び取引金額により大会社、中会社又は小会社のいずれかに区分して、原則として次のような方法で評価をすることになっています。

①　**大会社**

大会社は、原則として、類似業種比準方式により評価します。類似業種比準方式は、類似業種（上場会社）の株価を基に、評価する会社の1株当たりの「配当金額」、「利益金額」及び「純資産価額（簿価）」

の三つの要素で比準して評価する方法です。

なお、類似業種の業種目及び業種目別株価などは、国税庁ホームページで閲覧できます。

② **小会社**

小会社は、原則として、純資産価額方式によって評価します。純資産価額方式は、会社の総資産や負債を原則として相続税の評価に洗い替えて、その評価した総資産の価額から負債や評価差額に対する法人税額等相当額を差し引いた残りの金額により評価する方法です。

③ **中会社**

中会社は、大会社と小会社の評価方法を併用して評価します（併用方式）。

取引相場のない株式は、原則として、以上のような方式により評価しますが、同族株主以外の株主が取得した株式については、その株式の発行会社の規模にかかわらず原則的評価方式に代えて特例的な評価方式の配当還元方式で評価します。配当還元方式は、その株式を所有することによって受け取る1年間の配当金額を、一定の利率（10%）で還元して元本である株式の価額を評価する方法です。

COLUMN

マンション評価の改正

　相続税・贈与税におけるマンション評価が令和6年以後変わります。

　マンションの評価は、建物（区分所有建物）の固定資産税評価額と路線価等に基づく敷地（敷地利用権）の価額の合計額によるとされています。これにより求めたマンションの評価額が市場価格と大きく乖離する場合に、借入金によるマンション購入で、マンションの相続税評価額（財産）と借入金（債務）の差額分だけ、他の相続財産の価額を圧縮する、これがいわゆるタワマン節税といわれるものです。この節税策に対して、評価通達6項（この通達の定めにより難い場合の評価）の適用が争われた令和4年4月19日最高裁判決で国側は勝訴しました。

　その一方で、マンション評価の適正化と納税者の予見可能性の確保が求められたことから、令和5年10月6日付で新しい通達が公表されたものです。

　新しい評価方法は、現行の相続税評価額に評価乖離率を乗じて、理論的な市場価格を求めます。その理論的な市場価格の60%相当額をマンションの評価額とするものです。

　対象は、戸建て住宅の評価水準（0.6）より低いマンションで、戸建て並みの評価水準（0.6〜1）のマンションは対象とはならず、従前と同様に評価することになります。

　例えば、都内のマンションの場合（築年数13年、総階数37階、所在階24階、敷地狭小度0.18）は、評価乖離率が3.2倍程度でこれに0.6を乗じることによって区分所有補正率は、現行の相続税評価額の2倍程度となります。程度の差はあるものの影響は避けられないでしょう。

相続税対応の留意事項・チェックリスト

項　　　　　　　　目	☑
被相続人	
1　戸籍謄本（出生時からのもの・相続人確定資料）はありますか。 ・出生時からの戸籍謄本（原戸籍） ・法定相続情報一覧表でも可	☐
相続人	
1　戸籍謄本 ・出生からのものはありますか。	☐
2　印鑑証明書はありますか ・遺産分割協議書に押印したもの ・相続人全員のもの	☐
3　住民票（相続人全員）はありますか。	☐
4　遺産分割協議書の写しはありますか。 ・相続人全員の押印のあるもの ・押印は印鑑証明を受けたもの	☐
5　遺言書の写しはありますか。	☐
不動産	
1　固定資産税評価証明書はありますか。 ・亡くなった年分の土地及び家屋の証明書	☐
2　登記事項証明書（登記簿謄本）はありますか。 ・所有不動産全部のもの	☐
3　公図・実測図等はありますか。 ・土地建物の所在・形状のわかるもの ・建物建築確認書等	☐
4　借地契約書（土地賃貸借契約書）はありますか。	☐
5　家屋賃貸借契約書はありますか。 ・貸付先の住所氏名、預り保証金等の金額のわかる書類	☐
有価証券	
1　残高証明書／預り書はありますか。 ・家族名義で取引がある場合はその名義の取引残高も	☐
2　株主名簿はありますか。 ・非上場株式の場合	☐

項　　　　　　　　　目	☑
現金・預金	
1　手持現金有高 ・相続開始日現在の手持現金の明細 ・相続開始の3〜5年前の預貯金からの出金で使途が分からないもの	☐
2　残高証明書 ・家族名義預貯金で相続財産と認められるものはありますか。	☐
3　預貯金通帳の写しはありますか。 ・家族名義の預貯金通帳も ・過去の入出金状況の検討	☐
生命保険	
1　支払通知書はありますか。	☐
2　生命保険金の権利はありますか。 ・契約者が被相続人で被保険者が相続人等の生命保険契約がある場合その保険証の写し	☐
退職金	
1　退職金の支払通知書はありますか。	☐
2　相続税の申告期限後に支払われる退職金はありませんか。	☐
債　務	
1　借入金 ・借入の契約書等債務の事実を証する書類 ・金融機関からの借入金は残高明細 ・借入の使途の確認	☐
2　預り敷金・保証金の明細	☐
3　未払金 ・電気・ガス等公共料金 ・口座振替の場合、その通帳の確認 ・亡くなった後に支払った医療費の領収書	☐
葬式費用	
1　葬式費用明細一式 ・通夜及び告別式の費用 ・葬式のお手伝いの方に支払った金額 ・お布施の支払先住所	☐

⑤ 事業承継税制の対応

(1) 事業承継税制の概要

〈事業承継対策の重要性〉

　中小企業は、その数においても雇用の受け皿としても日本経済を支える存在ですが、中小企業の経営者の高齢化が進行する一方で、後継者が既に決まっている企業は多いとは言えません。このため、何の準備もないまま経営者に万一のことがあった場合、経営権や自社株式を巡って相続争いが生じたり、後継者が定まらず業績が悪化するケースも珍しくはありません。

　そこで、中小企業の事業の継続・発展のためには、生前に後継者へのスムーズな事業承継を行う必要があり、現経営者が早めに後継者を決めて、中長期的な事業承継計画を立て、それを着実に実行していくことが重要になります。また、事業承継計画の策定に当たっては、誰にどのような方法で事業を承継するのか、多岐にわたる経営資源をどのタイミングで承継するのか、中長期的な対策の検討が必要になります。

〈承継の方法と後継者の確定〉

　事業承継には、①経営者の子や甥姪、娘婿などの親族に承継させる「親族内承継」、②専務等の役員や工場長等の従業員のほか、取引先企業や金融機関から後継者を招いて承継させる「従業員等への承継・外部からの雇い入れ」、③他社への株式譲渡や事業譲渡などにより承継させる「社外への引継ぎ（M&A）」の3つの承継方法があります。それぞれの方法にはメリット・デメリットがありますので、適任となる後継者候補の有無、会社の経営資源等の状況、現経営者の株式等の保有状況などを踏まえて、承継方法と後継者を決めることが重要になります。

〈承継する経営資源〉

　事業承継は単に株式の引継ぎと代表者の交代と考えられるところですが、文字通り事業そのものを承継する取組ですので、事業承継後に後継者が安定した経営を行うためには、現経営者が培ってきたあらゆる経営資源を承継する必要があります。後継者に承継すべき経営資源は、大別すると①「人（経営）」、②「資産」、③「知的資産」の3つがあり、これらを適切に後継者に承継させていくことが重要になります。

①　「人（経営）」の承継とは、後継者への経営の承継であり、会社形態であれば代表取締役の交代になりますので、適切な後継者の選定は事業承継の成否を決めることになります。

　　「親族内承継」や「従業員等への承継」においては、後継者候補を選定し、経営に必要な能力を身につけさせ、知的資産を含めて受け継いでいくには5年から10年以上の準備期間が必要とされていますので、後継者候補の選定はできるだけ早期に開始されることがよいでしょう。

②　「資産」の承継とは、事業を行うための設備や不動産、債権、債務であり、会社形態であれば、会社保有の事業用資産は株式に含まれるため、自社株式の承継（贈与や譲渡による移転）になります。

　　株式や事業用資産を贈与により承継する場合、資産の状況によっては多額の贈与税が発生することになるほか、「親族内承継」においては、遺留分等の他の推定相続人への配慮も必要になるなど、考慮すべきポイントは専門的かつ多岐にわたります。このため、事業承継に向けた準備に着手する段階から税理士等の専門家に相談することがよいでしょう。

③　「知的資産」の承継とは、経営理念、従業員の技術や技能、ブランド、経営者の信用や人脈、顧客情報など、財務諸表に表れて

こない目に見えにくい経営資源の承継になります。

　知的資産こそが会社の強み・価値の源泉になりますので、事業承継に際しては、経済産業省の『ローカルベンチマーク』や内閣府知的財産戦略推進事務局の『経営デザインシート』などにより、自社の強みや価値の源泉がどこにあるのかを「見える化」し、後継者等の関係者との対話を通じて現状認識と将来構想を共有することが重要になります。

〈事業承継税制の背景・趣旨〉

　中小企業の事業承継においては、経営の支配権をいかに引き継ぐか、すなわちその前提となる自社株式（非上場株式等）の議決権の引継ぎがポイントになります。そして、この株式の評価額は議決権に着目して評価されるため、先代経営者から後継者へ自社株式を贈与・相続により移転した場合、多額の納税負担が生じて、事業の継続に支障をきたすケースも多々ありました。

　このため、平成21年度税制改正において、経営資源としての議決権株式の分散を防止し、安定的な経営の継続や雇用の確保を図る観点から、「非上場株式等についての相続税・贈与税の納税猶予・免除制度」（事業承継税制）が創設されました。

　その後、適用要件の緩和などの制度改定を繰り返しながら、中小企業の円滑な世代交代を集中的に促進し、生産性の向上に資する観点から、平成30年度税制改正により、10年間の贈与・相続に適用される時限措置として、納税猶予の対象となる非上場株式等の制限（株式総数の3分の2まで）の撤廃や納税猶予割合の引上げ（80%から100%）などが拡充された特例措置（これに対して従来の制度を「一般措置」といいます。）が創設されました。

　なお、この特例措置は、10年間で中小企業の世代交代を集中的に促進するために創設されたものですので、既に改正前の一般措置の適

用を受けた後継者は適用することができません。

〈事業承継税制の概要〉

　事業承継税制は、後継者である受贈者又は相続人等が、都道府県知事の認定を受けている自社株式（非上場株式等）を贈与又は相続により取得した場合において、その自社株式に係る贈与税又は相続税について、一定の要件の下にその納税を猶予し、先代経営者等の死亡などにより、猶予されている贈与税・相続税の納付が免除される制度です。

　この事業承継税制は、贈与時又は相続時のいずれにおいても適用できますし、贈与税と相続税の納税猶予・免除制度を組み合わせて利用することもできます。

2代目後継者へ贈与、先代経営者死亡、3代目後継者へ贈与するケース

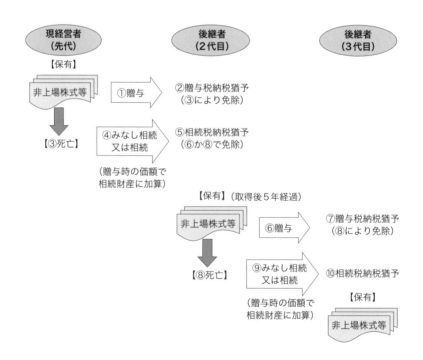

(2) 事業承継税制対応の留意事項Q&A

Q1 事業承継に活用できる税制上の制度について教えてください。

A1 〈贈与税の暦年課税〉

　暦年課税は、年間110万円の基礎控除を受けることができますが、基礎控除を超えた部分は10%～55%の累進税率で課税される制度です。そして、父母や祖父母から贈与の年の1月1日において18歳以上（令和4年3月31日以前の贈与については「20歳」になります。）の子や孫へ贈与した場合には、例えば、600万円の財産を贈与されたとき30%の税率が20%の税率になるといった特例税率が適用されます。

　将来、後継者が負担する相続税を少しでも軽減したい場合や後継者に自社株式等を計画的に贈与したい場合などに適用することが考えられます。したがって、自社株式の株価が安定しており急激な上昇が見込まれない場合で、相続開始までに時間的な余裕がある場合や後継者が決まっていない場合などには適していますが、自社株式の評価額が高い場合には、一度に多くの株式を贈与すると、累進税率により贈与税が高額になります。

　なお、将来、贈与者が死亡した時には、その相続開始前7年以内（令和5年以前は3年以内）の贈与財産の価額（相続開始前3年を超える贈与財産は100万円を控除した残額）を相続財産の価額に加算して相続税を計算することになります。

〈贈与税の相続時精算課税〉

　相続時精算課税は、60歳以上の父母又は祖父母から贈与の年の

1月1日において18歳以上（令和4年3月31日以前の贈与については「20歳」となります。）の子や孫へ贈与した場合には、暦年課税に代えて選択できる制度です。

　この制度を選択した贈与財産については、2,500万円の特別控除を受けることができますが、特別控除を超えた部分は一律20%の税率で課税されます。そして、将来贈与者が死亡した時には、その贈与財産の価額を相続財産の価額に加算して相続税を計算することになります。

　また、令和6年1月1日以後に贈与された財産については、暦年課税の基礎控除とは別に、年間110万円の基礎控除を受けることができます（令和5年分以前の贈与税の申告において相続時精算課税を選択した者にも適用されます。）。この場合、将来贈与者が死亡した時に相続財産の価額に加算される贈与財産の価額は、基礎控除額を控除した後の残額になりますので、少額の贈与を計画的に行いたい場合には、暦年課税よりメリットがあるといえます。

　相続時精算課税は、暦年課税では時間がかかるので、後継者にまとまった財産を贈与したい場合や会社の業績が伸びているので、自社株式の評価額が上がらないうちに後継者に贈与したい場合などに適用することが考えられます。また、会社の株価が上昇傾向にあり、既に後継者が決まっており、この制度の適用により相続税の納税が少なくなると認められる場合などにも適しています。これは、相続時に合算される贈与財産の価額は「贈与時の価額」となるため、相続時に贈与時より価額が上昇している場合は有利となるので、将来値上がりが予想される財産について適用することが効果的とされています。

　なお、相続時精算課税を一度選択すると、その後同一の贈与者からの贈与は、暦年課税によることができなくなるので注意が必要です。

〈事業承継税制〉

　事業承継税制は、中小企業の事業承継において先代経営者から後継者へ贈与・相続された自社株式（非上場株式等）や事業用財産などについて、後継者への事業継続などを要件として贈与税・相続税の納税を猶予し、先代経営者や後継者の死亡等により猶予されている税金の納付が免除される制度です。子や親族に限らず、親族外の承継でも適用できます。

　後継者として自社株式を相続したいが、税負担が高額になるため十分な株式を取得できない場合や、従業員を後継者に決めたが自社株式の取得にかかる納税資金を準備できない場合などに適用することが考えられます。また、会社の株価が上昇傾向にあり、既に後継者を決めており、事業承継の時期に来ている場合などにも適しています。

　事業承継税制は、その適用において手続きが煩雑で、各要件も厳しい設定になっています。また、先代経営者や後継者の死亡など納税猶予の期限が確定するまで「継続届出書」等の提出が必要となるほか、贈与税又は相続税の納税が猶予されるというだけで、納税自体が完全に免除されるものではないことに注意が必要です。

〈相続税におけるその他の制度〉

　この他に、①先代経営者（被相続人）が所有していた事業用宅地等について、400㎡までその評価額の80%を減額できる小規模宅地等の特例、②先代経営者（被相続人）の死亡に伴い支払われる死亡退職金や死亡保険金の非課税枠（500万円×法定相続人の数）などは、相続による事業承継時の相続税の負担軽減や納税資金等として活用できます。

事業承継税制を適用した場合、どのようなメリット・デメリットがありますか。

A2 事業承継税制は、相続の時から適用する場合と贈与の時から適用する場合があります。その際の特例措置を念頭においたメリット・デメリットとしては、次のものが考えられます。

	メリット	デメリット
共通	・自社株式の評価額が高いときは、多額の納税が猶予又は免除される ・納税資金を調達する必要がなく、納付予定であった税金を事業資金等に回せる	・様々な要件を満たす必要があり、手続きが煩雑である ・納税猶予の継続要件を満たさなくなった場合、猶予されている税金を一括して納付する必要があるため、自社株式の譲渡や組織再編等が機動的に行いにくい
贈与から適用する場合	・後継者を確定できるなど、計画的な事業承継が可能 ・先代経営者の影響力やサポートが期待できる ・贈与時の自社株式の株価がある程度予想できる ・自社株式を納税が0（零）で贈与できる ・自社株式の上昇が予想される会社で効果的である ・相続時精算課税制度と併用すれば、納税猶予期限が確定しても特別控除等の適用がある	・自社株式の3分の2までのすべてを贈与しなければならない ・贈与の時において後継者が役員を3年以上経験している必要がある ・相続税でも事業承継税制を適用しようとする場合、贈与から5年が経過しても、贈与者の死亡時まで各種要件を満たす必要がある ・先代経営者の相続開始時の事業承継税制が改正されるリスクがある
相続から適用する場合	・後継者は先代経営者の相続開始の直前において役員に就任していれば、その期間は短期間でも適用できる	・計画的な事業承継ができない ・先代経営者の相続開始時の自社株式の株価が不明確である ・先代経営者が亡くなっているため、会社経営に不安が残る ・先代経営者の相続開始時に後継者が役員になっていないと適用できない ・先代経営者の相続開始後5か月までに後継者が代表権を有する必要がある ・先代経営者の相続開始時に資産管理型会社に該当する場合は適用できない

Q3 事業承継税制の一般措置と特例措置の違いはなんですか。

A3 　　事業承継税制には、一般措置と特例措置がありますが、特例措置は10年間の時限措置として、納税猶予の対象となる非上場株式等の制限（株式総数の3分の2まで）の撤廃、納税猶予割合の引上げ（80%→100%）などが行われ、使い勝手が大幅に改善されています。その主な違いは、次のとおりです。

	特例措置	一般措置
事前の計画策定等	5年以内の特例承継計画の提出（平成30（2018）年4月1日から令和8（2026）年3月31日まで※）	不　要
適用期間	10年以内の贈与・相続等（平成30（2018）年1月1日から令和9（2027）年12月31日まで）	な　し
対象株数	全株式	株式総数の最大3分の2まで
納税猶予割合	100%	贈与：100%、相続80%
承継パターン	複数の株主から最大3人までの後継者	複数の株主から1人の後継者
雇用確保要件	弾力化（下回った理由等を記載した報告書等を提出）	承継後5年間は平均8割の雇用を維持
事業の継続が困難な事由が生じた場合の免除	あ　り	な　し
相続時精算課税の適用	60歳以上の者から18歳以上（令和4（2022）年3月31日以前は20歳以上）の者への贈与	60歳以上の者から18歳以上（令和4（2022）年3月31日以前は20歳以上）の推定相続人・孫への贈与

※令和6年度の税制改正により令和6年3月31日から令和8年3月31日に2年間延長されます。

Q4 事業承継税制（相続税）の適用を受けるための手続きと要件を教えてください。

A4 　事業承継税制（相続税）の適用を受けるためには、次のとおり「都道府県知事の認定申請」と「税務署への申告」が必要になります。

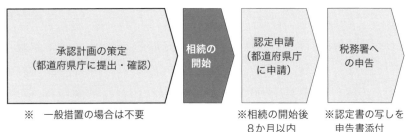

※　一般措置の場合は不要　　　※相続の開始後　　　　※認定書の写しを
　　　　　　　　　　　　　　　8か月以内　　　　　　申告書添付

　また、相続開始の前後と相続税の申告期限までに、次の要件を満たしている必要があります。

①　承継計画の策定・提出・確認【一般措置の場合は計画策定等は不要です】

　相続の開始前に会社の後継者や承継時までの経営見通し等を記載した「承継計画」を策定し、税理士などの認定経営改革等支援機関の所見を記載の上、令和8（2026）年3月31日まで[※]に都道府県知事に提出し、確認を受けていること。

　なお、この期間までに「承認計画」を提出しないで相続が発生した場合には、相続後に「承認計画」を提出することも可能です。

※令和6年度の税制改正により令和6年3月31日から令和8年3月31日まで2年間延長されます。

②　都道府県知事の円滑化法の認定

　「中小企業における経営の承継の円滑化に関する法律（「円滑化法」といいます。）」における会社、後継者、先代経営者等の要件を満たし

ていることについて、同法に基づいた都道府県知事の「円滑化法の認定」を受けていること。

③ 会社の要件

相続等により取得する自社株式（非上場株式等）の発行会社が、円滑化法の認定を受けている会社で、相続開始の時に中小企業であること、風俗営業会社や資産保有型会社（有価証券や不動産、現金等の特定資産の保有割合が70％以上の会社）に該当しないことなど。

④ 先代経営者（被相続人）の要件

ⅰ 相続開始の前に会社の代表権を有していたこと。

ⅱ 相続開始の直前において、先代経営者及びその同族関係者等で総議決権数の50％超の議決権数を保有し、かつ、後継者を除いたこれらの者の中で最も多くの議決権数を保有していたこと。

⑤ 後継者（相続人等）の要件

ⅰ 相続開始の日の翌日から5カ月を経過する日において、会社の代表権を有していること。

ⅱ 相続開始の直前において、会社の役員であること（被相続人が60歳未満で死亡した場合を除きます。）。

Ⅲ 相続開始の時において、後継者及びその同族関係者等で総議決権数の50％超の議決権数を保有すること。

ⅳ 相続開始の時において、後継者が1人の場合には、後継者の有する議決権数がその同族関係者の中で最も多くの議決権数を保有することになること。後継者が2人又は3人の場合には、その会社の総議決権数の10％以上の議決権数を保有し、かつ、後継者の同族関係者等（他の後継者を除きます。）の中で最も多くの議決権数を保有することとなること。

⑥ 分割要件

相続税の申告書の提出期限までに、自社株式（非上場株式等）が共同相続人又は包括受遺者によって分割されていること。

⑦ 担保提供

事業承継税制の適用を受ける自社株式（非上場株式等）の全てを担保とするなど、納税が猶予される贈与税及び利子税に見合う担保を税務署に提供すること。

⑧ その他

この他に、事業承継税制の適用を受けようとする株式数の申告書への記載、財務省令で定める事項を記載した書類の申告書への添付など様々な制約と要件がありますので、まずは自社株式の評価額を把握した上で、その株式が事業承継税制の適用を受けられるかどうか、事前に税理士等の専門家に相談することがよいでしょう。

Q5 事業承継税制（相続税の一般措置）の適用を受けた場合に猶予される相続税額の計算方法について教えてください。

A5 相続税の納税猶予の適用がある自社株式（納税猶予対象株式）を相続した後継者（経営承継相続人等）の納税が猶予される相続税額（一般措置の場合）は、次の手順で計算した金額になります。

相続税の納税猶予の適用がある自社株式（納税猶予対象株式）を相続した後継者（経営承継相続人等）の納税が猶予される相続税額（一般措置の場合）は、次の手順で計算した金額になります。

(1) 相続税の納税猶予の適用がないものとして、被相続人の相続財産について通常の相続税額を計算します。経営承継相続人等以外の相続人の相続税額は、ここで計算された金額になります。

(2) 経営承継相続人等が、納税猶予対象株式のみを相続するものとして計算した場合の相続税額を計算します。

(3) 経営承継相続人等が、(2)の株式の20％部分に相当する金額のみ

を相続するものとして計算した場合の相続税額を計算します。

(4) (2)の金額から(3)の金額を控除して、経営承継相続人等の納税猶予額を算出します。

(5) (1)で計算した経営承継相続人等の相続税額から(4)で計算した納税猶予額を控除した差額が、経営承継相続人等の納付税額になります。

【計算例】

前提条件：相続財産は納税猶予対象株式4億円、その他の財産1億円、借入金1億円
・相続人は、長男（経営承継相続人等）と長女の2人
・長男が納税猶予対象株式4億円と借入金1億円を相続、長女がその他の財産1億円を相続

(1) 通常の方法で計算した相続税額

・長男3億円（納税猶予対象株式4億円－借入金1億円）＋長女1億円（その他の財産1億円）－4,200万円《基礎控除》
　=3億5,800万円《課税価格》

・3億5,800万円×1/2《法定相続分》=1億7,900万円

・1億7,900万円×40%《税率》－1,700万円《税額控除》
　=5,460万円

・5,460万円×2人=1億920万円《相続税の総額》

・長男の納付税額：1億920万円×3億円/4億円=8,190万円

・長女の納付税額：1億920万円×1億円/4億円
　=2,730万円《納税額確定》

(2) 長男が納税猶予対象株式のみを相続するものとした場合の相続税額

・控除未済債務額：借入金1億円－（長男の取得財産4億円－納税猶予対象株式4億円）=1億円

・長男3億円（納税猶予対象株式4億円−控除未済債務1億円）＋長女1億円（その他の財産1億円）−4,200万円《基礎控除》

=3億5,800万円《課税価格》

・3億5,800万円×1/2《法定相続分》=1億7,900万円

・1億7,900万円×40％《税率》−1,700万円《税額控除》

=5,460万円

・5,460万円×2人=1億920万円《相続税の総額》

・長男の税額：1億920万円×3億円/4億円=8,190万円

⑶　長男が納税猶予対象株式の20％のみを相続するものとした場合の相続税額

・長男6,000万円（納税猶予対象株式3億円×20％）＋長女1億円（その他の財産1億円）−4,200万円《基礎控除》=1億1,800万円《課税価格》

・1億1,800万円×1/2《法定相続分》=5,900万円

・5,900万円×30％《税率》−700万円《税額控除》=1,070万円

・1,070万円×2人=2,140万円《相続税の総額》

・長男の税額：2,140万円×6,000万円/1億6,000万円=802.5万円

⑷　長男の納税猶予額

・⑵の長男の税額8,190万円−⑶の長男の税額802.5万円

=7,387.5万円

⑸　長男の納付税額

・⑴の長男の税額8,190万円−⑷の納税猶予額7,387.5万円

=802.5万円

Q6 事業承継税制（贈与税）の適用を受けるための手続きと要件を教えてください。

A6 事業承継税制（贈与税）の適用を受けるためには、次のとおり「都道府県知事の認定申請」と「税務署への申告」が必要になります。

承継計画の策定 （都道府県庁に提出・確認）	株式贈与	認定申請 （都道府県庁に申請）	税務署への申告
※ 一般措置の場合は不要		※贈与の翌年の1月15日まで	※認定書の写しを申告書添付

また、贈与の前及び実行時、贈与税の申告期限までに、次の要件を満たしている必要があります。

① **承継計画の策定・提出・確認【一般措置の場合は計画策定等は不要です】**

会社の後継者や承継時までの経営見通し等を記載した「承継計画」を策定し、税理士などの認定経営改革等支援機関の所見を記載の上、令和8（2026）年3月31日まで※に都道府県知事に提出し、確認を受けていること。

なお、同期間までの贈与については、贈与後に承認計画を提出することも可能です。

※令和6年度の税制改正により令和6年3月31日から令和8年3月31日まで2年間延長されます。

② **対象となる贈与【一般措置の場合は期間制限がありません】**

平成30（2018）年1月1日から令和9（2027）年12月31日までの間の非上場株式等の贈与であること。

③ 自社株式（非上場株式等）の取得株数

先代経営者等から全部又は一定数以上の自社株式（非上場株式等）の贈与を受けていること。

④ 都道府県知事の認定

会社の要件、後継者の要件、先代経営者等の要件を満たしていることについて、「中小企業における経営の承継の円滑化に関する法律」に基づいた都道府県知事の認定を受けていること。

⑤ 会社の要件

自社株式（非上場株式等）の発行会社が、贈与の時に中小企業であること、風俗営業会社や資産保有型会社（有価証券や不動産、現金等の特定資産の保有割合が70％以上の会社）に該当しないことなど。

⑥ 先代経営者の要件

贈与前は会社の代表権を有していたこと、贈与時において会社の代表権を有していないことなど。

⑦ 後継者の要件

贈与時において会社の代表権を有していること、20歳以上（令和4（2022）年4月1日以降は18歳以上）であること、役員の就任から3年以上経過していることなど。

このうち、役員要件は贈与の3年以上前から実行しておく必要がありますので、現経営者は早めに後継者候補を決めて、承継の準備を進めておく必要があります。

⑧ 担保提供

事業承継税制の適用を受ける自社株式（非上場株式等）の全てを担保とするなど、納税が猶予される贈与税及び利子税に見合う担保を税務署に提供すること。

⑨ その他

この他に、事業承継税制の適用を受けようとする株式数の申告書への記載、財務省令で定める事項を記載した書類の申告書への添付など

様々な制約と要件がありますので、まずは自社株式の評価額を把握した上で、その株式が事業承継税制の適用を受けられるかどうか、事前に税理士等の専門家に相談することがよいでしょう。

Q7 事業承継税制（贈与税）の適用を受けた場合に猶予される贈与税の計算方法について教えてください。

A7 贈与税の納税猶予の適用がある自社株式（納税猶予対象株式）を贈与により取得した後継者（経営承継受贈者）の納税が猶予される贈与税額は、次のとおり計算した金額になります。

(1) 暦年課税の贈与の場合

【計算例1】

> 前提条件：納税猶予対象株式1億円を贈与、この他に財産の贈与なし
> ・経営承継受贈者は、18歳以上で、特例贈与者の直系卑属
> ・経営承継受贈者は、相続時精算課税の適用を受けていない

・(1億円－110万円《基礎控除》)×55%《特例税率》－640万円《税額控除》=4,799.5万円
・納税猶予税額：4,799.5万円
・納付税額：なし

【計算例2】

> 前提条件：納税猶予対象株式1億円と現金1,000万円を贈与
> ・経営承継受贈者は、18歳以上で、特例贈与者の直系卑属
> ・経営承継受贈者は、相続時精算課税の適用を受けていない

・(1.1億円－110万円《基礎控除》)×55%《特例税率》－640万円《税額控除》=5,349.5万円

・(1億円－110万円《基礎控除》)×55%《特例税率》－640万円《税額控除》=4,799.5万円

・納税猶予税額：4,799.5万円

・納付税額：5,349.5万円－4,799.5万円=550万円

(2) 相続時精算課税の贈与の場合

【計算例3】

> 前提条件：納税猶予対象株式1億円を贈与、この他に財産の贈与なし
> ・経営承継受贈者は、18歳以上で、特例贈与者の直系卑属

・(1億円－2,500万円《特別控除》)×20%《税率》=1,500万円

・納税猶予税額：1,500万円

・納付税額：なし

【計算例4】

> 前提条件：納税猶予対象株式1億円と現金1,000万円を贈与
> ・経営承継受贈者は、18歳以上で、特例贈与者の直系卑属

・(1.1億円－2,500万円《特別控除》)×20%《税率》=1,700万円

・(1億円－2,500万円《特別控除》)×20%《税率》=1,500万円

・納税猶予税額：1,500万円

・納付税額：1,700万円－1,500万円=200万円

Q8 事業承継税制（贈与税）の適用を受けている株式を譲渡した場合、猶予されている贈与税を納付しなければなりませんか。

A8 事業承継税制（贈与税）の適用を受けた場合には、贈与税の申告後も引き続き自社株式を保有することなどにより、納税の猶予が継続されます。ただし、この制度の適用を受けた自社株式（非上場株式等）を譲渡するなどの確定事由に該当する場合には、納税が猶予されている贈与税の全部又は一部について利子税と併せて納付することになります。その主な確定事由は、次のとおりです。

納税猶予税額を納付する必要がある主な確定事由	経営贈与承継期間内	経営贈与承継期間経過後
後継者が代表権を有しないこととなった場合	全額納付	―
後継者の属する株主グループの議決権が50%以下になった場合	全額納付	―
後継者が同族関係者内で筆頭株主でなくなった場合	全額納付	―
事業承継税制の適用を受けた非上場株式等の一部を譲渡等した場合	全額納付	譲渡等の部分納付
事業承継税制の適用を受けた非上場株式等の全部を譲渡等した場合	全額納付	全額納付
会社を解散した場合	全額納付	全額納付
会社が資産管理型会社に該当することとなった場合	全額納付	全額納付
会社の事業年度における主たる事業活動からの収入が0（零）となった場合	全額納付	全額納付
会社の資本金の額を減少した場合又は準備金の額を減少した場合	全額納付	全額納付
後継者がこの制度の適用を取りやめる旨の届出書を提出した場合	全額納付	全額納付
会社の株式等が非上場株式等に該当しないことになった場合	全額納付	―
先代経営者（贈与者）が会社の代表権を有することになった場合	全額納付	―

（注1）「経営贈与承継期間」とは、原則として、贈与税の申告期限の翌日から5年を経過する日までをいいます。

（注2）「―」は引き続き納税が猶予されるため、納付の必要はありません。

Q9 先代経営者（贈与者）が死亡した場合、引き続き事業承継税制の適用を受けることができますか。

A9 　先代経営者が死亡した場合には、まずは税務署に「免除届出書」等を提出することにより、後継者が取得している事業承継税制（贈与税）の適用を受けた自社株式（非上場株式等）に対して猶予されていた贈与税が免除されます。

　そして、先代経営者の相続税においては、その株式等を先代経営者から相続又は遺贈により取得したものとみなして、贈与された時の価額によって他の相続財産と合算して相続税の計算を行います。

　その際、「中小企業における経営の承継の円滑化に関する法律」に基づき、都道府県知事の「切替確認」を受けて、相続税の申告期限までに申告書及び一定の書類を提出した場合には、「非上場株式等について相続税の納税猶予・免除制度」いわゆる事業承継税制（相続税）の適用を受けることができます。

　これは、先代経営者の死亡により、贈与により取得した自社株式に対する贈与税は免除されますが、この株式等を先代経営者の相続財産に加算して相続税を計算するため、相続財産全体の中に占めるこの株式等の価額に見合う相続税について、改めて納税を猶予するというものです。

　なお、事業承継税制（贈与税）の適用を受けていた自社株式であっても、先代経営者が死亡して都道府県知事の「切替確認」を受けない場合には、猶予されていた贈与税は免除されますが、事業承継税制（相続税）の適用を受けることができないので注意が必要です。

Q10 事業承継税制（贈与税）を適用する場合、贈与税の暦年課税と相続時精算課税のどちらを選択した方がよいでしょうか。

A10 事業承継税制（贈与税）の適用を受ける場合は、贈与により取得した自社株式（非上場株式等）の価額に対する贈与税が全額猶予されるため、その株式等を継続して保有するなど確定事由に該当するような事態が予想されない場合には、特に暦年課税か相続時精算課税かを意識する必要はありません。

　しかし、事業承継税制（贈与税）の適用を受けている自社株式を譲渡した場合や会社自体を資産管理会社に変更した場合などには、猶予されている贈与税の一部又は全額を一括して納付しなければなりません。その際、控除額（110万円か2,500万円）や税率（累進か一律）の違いによって、大きな税負担になる可能性もあります。

　したがって、暦年課税と相続時精算課税のメリット・デメリットを理解した上で、贈与された自社株式の株価の高低や今後の事業計画などを踏まえて、事業承継税制の適用の段階（申告時において）で課税方法を選択することが重要になります。

　なお、相続時精算課税の適用を受ける場合には、事業承継税制の適用を受ける年分の贈与税の申告書に「相続時精算課税を選択する旨の届出書」を添付する必要があります。また、一旦この制度を選択すると、その後の同じ贈与者からの贈与は、暦年課税による申告ができなくなるので注意が必要です。

Q11 事業承継税制の適用を受ける自社株式（非上場株式等）の株価は、どのように算定するのでしょうか。

A11 自社株式（非上場株式等）の株価は、上場株式のように日々の市場価格（取引相場）が存在しないため、その評価方法は、国税庁の財産評価基本通達によって定められています。

　その評価方法は、相続や贈与などで株式等を取得した株主が、その株式等を発行した会社の経営支配力を持っている同族株主等かそれ以外の株主かの区分により、同族株主等であれば原則的評価方式、それ以外の株主であれば配当還元方式により評価する仕組みになっています。また、原則的評価方式には、会社の規模に応じて類似業種比準方式と純資産価額方式の2つがありますので、自社株式（非上場株式等）の評価方式は、大きく分けて次の3つの方法があることになります。

① 類似業種比準方式

　上場企業に匹敵するような大会社の非上場株式等に用いられる評価方式です。その企業が営む業務に類似した上場企業（同業他社）の株価等を基にして、評価する会社の1株当たりの配当金額、利益金額、純資産価額（簿価）の3つの要素を比準して評価します。

② 純資産価額方式

　個人企業とそれほど変わるところがない小会社の非上場株式等に用いられる方式です。原則として、その会社の総資産や負債額をその時の時価により評価する方法で、土地や有価証券等の資産を財産評価基本通達に基づいて評価した総資産の価額から、負債の価額や評価差額に対する法人税額に相当する金額を差し引いた差額によって評価します。

③ 配当還元方式

　①及び②の方式は、株式等を取得した者が同族株主等の場合に限ら

れますが、この配当還元方式は、それ以外の株主が取得した場合に用いられます。株式等の発行会社から受け取る株主配当金の金額に基づいて、1株当たりの評価額を計算します。

　一般的には、類似業種比準方式は純資産価額方式に比べて、株価が低く算定されるといわれています。また、配当還元方式では、評価する非上場会社の株式の過去2年間の配当金額を10%の利率で還元して価格を求めますが、無配の場合は券面額又は出資額の2分の1で算定されます。このため、保有する非上場株式等をどの方式で評価するかということは、経営者にとって大きな問題になります。

　実際に非上場株式等を評価する際には、同族株主等の判定や資産管理会社等の特定の評価会社の当否など専門知識が必要になるほか、類似業種比準方式や純資産価額方式では、非上場会社の財務諸表や税務申告書といった大量の資料をもとに1株当たりの株価を計算していく必要がありますので、税理士等の専門家に依頼されることがよいでしょう。

COLUMN

先代経営者が社長から会長になれば代表権は移転する？

　贈与税の事業承継税制の要件の1つに、先代経営者は贈与の前に代表権を有していたが、贈与の時には代表権を有していないこと、そして、後継者は贈与の時に代表権を有しているというものがあります。

　なぜ「代表権」の移転が必要なのでしょうか。それは、そもそも事業承継税制とは、その名の通り「事業」を「承継」するときの税制であり、きちんと事業が次世代の代表者へ承継されることを前提としているためです。

　したがって、次世代の代表者へ事業が承継されているかの判断基準は、代表権の移転ということになりますので、先代経営者の代表権を後継者に移す前に早まって自社株式を贈与してしまうと、その時点で事業承継税制の適用を受けることができなくなってしまいます。

　ところで、先代経営者が「代表取締役社長」のポジションを後継者に譲り、「代表取締役会長」になれば、代表権は移転したことになるのでしょうか。一見、「社長」から「会長」というポジションに異動しているので、代表権が移動したように見えますが、これだけでは代表権は移転していません。

　事業承継税制の代表権の判定は、「社長」「会長」「専務」などの社内の肩書ではなく、あくまでも法律上の名前で行うことになります。つまり、「代表取締役」「取締役」「監査役」などの法務局で商業登記を行う際の名前で判断することになりますので、先代経営者が「代表取締役」を退任し、後継者が「代表取締役」に就任することにより代表権は移転することになります。

　この場合、例えば、先代経営者が退任すると同時に、後継者の2人が新たに「代表取締役社長」と「代表取締役専務」として就任したとしても、どちらも代表権を有していますので、2人とも事業承継税制の適用を受けるための代表権の要件を満たしていることになります。

　また、先代経営者が「代表取締役」を退任した後、代表権のない「取締役会長」などとして、経営に関与することは問題がありません。代表権が移ってさえいれば、代表権のない役員として、引き続き会社の経営に関わっていくことができます。もちろん、相応の役員報酬を受け取ることもできます。

「事業承継税制（贈与税）」の適用要件チェックリスト

項　　　　　　　目	☑
先代経営者（贈与者）の要件	
1　贈与の前には、その会社の代表権を有していた。	□
2　贈与の直前には、贈与者及び贈与者と特別の関係がある者がその会社の総議決権数の50%超の議決権数を保有している。	□
3　贈与の直前には、贈与者が贈与者及び贈与者と特別の関係がある者（後継者となる者を除く）の中で最も多くの議決権数を保有している。	□
4　贈与の時には、その会社の代表権を有していない。	□
後継者（受贈者）の要件	
1　贈与の時には、18歳以上（令和4年3月31日以前の贈与は20歳以上）。	□
2　贈与の時には、その会社の代表権を有している。	□
3　贈与の時には、後継者及び後継者と特別の関係がある者がその会社の総議決権数の50%超の議決権を保有している。	□
4　贈与の時には、後継者及び後継者と特別の関係がある者の中で最も多くの議決権数を保有している。	□
5　【特例措置のみ】 平成30年1月1日から令和9年12月31日までの贈与である。	□
6　【特例措置のみ】 後継者が2人又は3人の場合、贈与の時には、総議決権数の10%以上の議決権数を保有し、かつ、後継者と特別の関係がある者の中で最も多くの議決権数を保有している。	□
7　贈与の日には、その会社の役員に3年以上就いている。	□
8　贈与の時から贈与税の申告期限までには、事業承継税制の対象となる非上場株式等を全て保有している。	□
9　【特例措置のみ】 「中小企業における経営の承継の円滑化に関する法律（円滑化法）」に基づき、令和8年3月31日まで※に都道府県知事に特例承継計画を提出し、その確認を受けている。 ※令和6年度の税制改正により令和6年3月31日から令和8年3月31日まで2年間延長されます。	□
会社の要件	
1　都道府県知事の円滑化法の認定を受けている。	□
2　中小企業である。	□
3　非上場会社である。	□
4　風俗営業会社に該当しない。	□
5　その会社の特定特別関係会社（その会社や代表者、生計を一にする親族によって50%を超える議決権を保有する会社）が風俗営業会社には該当しない。また、特定特別関係会社は中小企業であり、かつ、非上場会社である。	□

	項　　　目	☑
6	常時使用する従業員の数は、国内会社で1名以上である。	☐
7	資産保有型会社（有価証券、不動産、現金・預金等の特定の資産の保有割合が総額の70％以上の会社）又は資産運用会社（資産保有会社の特定の資産からの運用収入が総収入の75％以上の会社）に該当しない。	☐
8	非上場株式等の贈与の時の直前の事業年度において、総収入金額が零（ゼロ）を超えている。	☐
9	いわゆる黄金株などの種類株式を発行している場合、その株式を後継者（特例措置の場合は後継者その他の者）のみが保有している。	☐
10	現物出資等の資産の割合が70％未満である。	☐

6 国際課税の対応

(1)　国際課税制度の概要

　国際課税とは国境を超える経済活動に対する課税であり、国際課税の問題の中心は、他国との課税権との競合を調整（国際的な二重課税を排除）しつつ、一方で課税の空白を防止することにより、自国の課税権を確保することにあるとされています（税制調査会平成12年7月：わが国税制の現状と課題）。

　国境を超える経済活動としては、我が国の国民や企業が海外に進出する場合と、外国の国民や企業が我が国に進出してくる場合がありますが、このような経済活動の活発化に伴い、これらの活動に対する課税は、納税者にとっても、課税当局にとっても極めて重要な問題となっています。

　一般的に、納税者が居住するとされる国を「居住地国」、所得の生じる国を「源泉地国」と定義されています。各国の税制に基づく居住地国の課税権と源泉地国の課税権が競合することにより、必然的に国際的な二重課税が発生しますので、その解消策を講じる必要が生じています。

　一方で、経済のグローバル化により、自国の税制が念頭に置いていない取引の創設や取引への介入等により、国際的租税回避行為が散見される状況において、これらの行為に的確に対処し自国の課税所得の浸食の防止に努めて、課税権を確保していく必要も生じています。

　我が国の法人税法では、国際的な二重課税の対処方策として、外国税額控除制度や外国子会社配当益金不算入制度、国際的な租税回避行為に対する防止策としては、外国子会社合算税制、移転価格税制などが規定されています。

　外国税額控除制度は、国際的な二重課税の排除方式として国際的に

確立した制度であり、外国で納付した外国法人税額を所定の算式に基づき計算された額を限度として我が国で納付すべき法人税の額から控除することが認められている制度です。当該制度を採用するか否かは納税者の任意とされています。

外国子会社配当益金不算入制度は外国子会社から受領する配当に関しては、一定の要件の下で配当金額の95%相当額を益金不算入とすることにより国際的な二重課税を解消する制度です。

また、子会社配当と子会社株式の譲渡を組み合わせた国際的な租税回避の防止策として、一定の益金不算入とされた配当金額相当額を子会社株式の帳簿価格から減額する子会社株式簿価減額特例が導入されています。

外国子会社合算税制は、税負担の著しく低い外国子会社等を通じて国際取引を行うことによって、我が国での課税を免れる事態が生じ得るような租税回避行為に対処するため、一定の要件を充足しない場合には、外国子会社等の所得を親会社等の法人税の課税所得に加算して申告させるという制度です。

移転価格税制は、海外子会社等との間の取引を通じた所得の海外移転を防止するため、海外子会社等との取引が、通常の取引価格（独立企業間価格）で行われたものとみなして法人税の課税所得を計算する制度です。

その他の制度としては、利子の支払いの一定金額を超える額を損金不算入とする過少資本税制や過大利子税制が創設されています。

次に、国際課税のルールとして、課税関係の安定（法的安定性の確保）、二重課税の回避、脱税及び租税回避等への対応を通じ、二国間の健全な投資・経済交流の促進に資するものとして租税条約が締結されています。我が国又は取引相手国の法人税法等の規定が租税条約の規定と異なる場合には、租税条約の規定の適用を受ける旨の届出を提出することにより、租税条約の規定に定められた恩典（免税又は軽減）

を受けることができます。

　このような個別に規定された制度に加えて、海外出向者の給与負担、海外子会社に対する支援等、国際取引に係る源泉所得税等の問題にも留意することが必要です。

　Q&Aの形式で、我が国の国際課税に係る基本的な制度の概要及び留意すべきポイント等について説明します。なお、移転価格税制については次節（**7**　移転価格課税への対応）を参照してください。

(2)　国際課税対応の留意事項Q&A

Q1　この度、取引先の要請により海外に進出する予定ですが、税務上どのような事項に留意する必要がありますか。

A1　海外進出する法人等に適用される我が国における税制は、所得税（法人税、個人所得税（国税及び地方税））、消費税等、源泉所得税、印紙税などがあります。国際課税の固有の制度として、国際的な二重課税を排除するために、外国税額控除制度や外国子会社受取配当益金不算入規定が、国際的な租税回避を防止するための制度として外国子会社合算税制、移転価格税制、過少資本税制、過大利子税制等が規定されています。進出先においても我が国と概ね同様の税制等が規定されています。

　また、我が国と進出先国等が租税条約を締結している場合には、租税条約の規定に基づいて我が国又は進出先国等の課税関係が調整（減額又は免除）されるケースが生じてきます。

　海外進出に当たっては、我が国の税制のみならず、進出先国等の税制及び租税条約の規定を十分に理解した上で、双方の国において適正に税務申告を行うことが必要となります。

Q2　国際的な二重課税はどのように発生するのでしょうか。

A2　納税者が国境を越えて経済活動を行っている場合には、その納税者が経済活動を行った国がその経済活動によって生じた所得に対して課税（源泉地国課税）を行い、その納税者の本店等が所在する国がその所得に対して課税（居住地国課税）することが一般的になっています。

　例えば、我が国の法人が海外の法人から利息を受領する場合には、海外の法人が所在する国において支払時に所定の税率で源泉徴収が行われ、我が国においては全世界所得（国内及び国外で稼得した所得の合計）をベースに課税所得が計算されることから、当該利子は我が国でも課税されることとなり、我が国の法人が受領する利子に対して海外と我が国で二度課税されることになります。いずれの課税も課税権の適正な行使として国際的にも認められているもので、国際的な二重課税の状況が発生することになります。

Q3　国際的な二重課税はどのように解消されるのでしょうか。

A3　我が国においては、国際的な二重課税の解消策として、外国で納付した外国法人税額を一定の算式に基づいて計算された控除限度額までの金額を我が国の納付すべき法人税の額から控除できる外国税額控除制度（二重課税排除方式）と、内国法人が一定の要件の下で外国子会社から受領する配当金額の95%相当額を益金不算入とする外国子会社配当益金不算入制度（国外所得免除方式）が導入されています。

Q4 外国税額控除制度の概要について教えてください。

A4 　我が国の法人税における外国税額控除制度は、外国税額控除の対象となる控除対象外国法人税の額と一定の計算方式で算定される控除限度額のいずれか小さい金額を我が国で納付すべき法人税の額から控除できる仕組みとなっています。

　外国税額控除制度を適用するか否かについては、法人の選択に委ねられており、適用しない場合には外国で納付した外国法人税は法人税の課税所得の計算において損金の額に算入されることとなります。

　外国税額控除制度を適用する場合には、控除対象外国法人税のすべてが法人税の課税所得の計算上、損金の額に算入されません。したがって、外国法人税の損金算入を選択する場合と比べて、法人税の課税所得及び納付すべき法人税の額の増加につながります。一方で、控除対象外国法人税のすべてが納付すべき法人税の額から控除できるものではなく、一定の計算方式に基づき算定された金額が限度とされています。したがって、外国税額控除制度の適用により追加的に発生する法人税の額が控除できる外国法人税の額を上回る場合には、結果的に納付すべき法人税の額が増加するケースが生じます。このような場合には、一般的には、外国税額控除制度を適用しない方が有利となりますので、外国税額控除制度の適用に当たっては、事前に慎重な検討を行っておく必要があります。

　外国税額控除は、国税だけはなく地方税からも控除することができますので、控除対象外国法人税の額が国税の控除限度額を超える場合には、自動的に地方税から控除されることになります。

Q5 外国税額控除制度の控除対象外国法人税について教えてください。

A5 控除対象外国法人税は、原則として、①自己が外国で直接納付した外国法人税、②租税条約の規定に基づき軽減又は免除された税額について本来の課税がなされたものとみなされる外国法人税額（タックス・スペアリング・クレジット）、③外国子会社合算税制により合算課税の適用対象となった外国関係会社が納付した外国法人税の額のうち益金の額に算入された金額に対応する部分の金額などとされています。

外国税額控除制度の対象となる外国法人税に該当する税は、外国で課税された我が国の法人税や所得税に相当する税とされ、海外支店が外国で納付した法人税、超過所得に対する法人税、我が国の法人住民税の法人税割に相当する税、利子・配当等に対する源泉所得税のように所得に代えて収入金額等を課税標準として源泉徴収される税は外国法人税に該当します。

一方で、外国法人税に含まれないものとしては、税の納付後に任意で還付請求できる税、税の納付期間を納税者が任意に定められる税、複数の税率から納税者と課税当局の合意により決定された税、外国法人税に係る附帯税などとされています。更に、法人税や所得税に相当する税が対象となりますので、消費税のように取引金額に対して課税される間接税や固定資産税等は対象になりません。

なお、外国法人税に該当する場合であっても、外国法人税の課税標準とされる金額に100分の35を乗じて計算した金額を超える部分の金額（高率負担部分）、租税条約に規定する限度税率を超える部分の外国法人税は、控除対象外国法人税の額から除外され損金の額に算入されることになりますので留意が必要です。

Q6 外国税額控除制度の控除限度額の計算方法について教えてください。

A6 外国税額控除制度の控除限度額は、内国法人の各事業年度の所得に対する法人税の額に、当該事業年度の調整国外所得金額が当該事業年度に占める所得の割合を乗じて計算された金額とされています。

各事業年度の所得に対する法人税の額は、特定同族会社の特別税率や使途秘匿金課税などの一定の規定を適用しないで計算された法人税の額、各事業年度の所得金額は、欠損金の繰越しなどの規定を適用しないで計算した場合の所得金額とされています。

各事業年度の調整国外所得金額は、各事業年度の国外所得の金額から外国法人税が課されない非課税国外所得金額を控除した金額とされています（外国で法人税等が課されていない国外所得については二重課税の状況にはなっていないことから除外されるものです。）。

国外所得金額は、海外支店等を通じて事業を行う国外事業所等帰属所得とその他の国外源泉所得から構成され、いずれも現地における課税標準とされた所得の金額ではなく、我が国の法令を適用して計算した場合における課税標準となるべき所得の金額とされています。

なお、調整国外所得金額が当該事業年度の所得金額の90％に相当する金額を超える場合には、その90％に相当する金額が調整国外所得金額となります（国外所得の90％シーリング）ので留意してください。

Q7　外国税額控除制度の繰越控除限度額及び繰越控除余裕額
について教えてください。

A7　我が国の法人税の課税所得は発生主義で計算されますが、外国法人税の額の確定が通常の所得の発生より遅れるケースが生じ、所得に基づき計算した控除限度額と控除対象として外国法人税の額が計上される事業年度が必ずしも一致しないケースが生じます。このような所得の発生時期と外国法人税の発生の時期のずれを調整するために、控除対象外国法人税の額が控除限度額を上回る場合には繰越控除限度額として、控除対象外国法人税の額が控除限度額を下回る場合には繰越控除余裕額として、3年間の繰越しが認められ、以後の事業年度において利用することが認められています。

なお、いずれも3年以内に解消されない場合には、繰越処理は打ち切られますので留意してください。

Q8　外国子会社受取配当益金不算入制度の概要について教えてください。

A8　内国法人が海外子会社の25%以上の株式を配当の支払義務が確定する日以前6月以上引き続き保有している場合には、法人税の課税所得の計算において当該海外子会社から受領する配当の額の95%が益金不算入となります。海外子会社の株式を保有するための資金コスト等は既に損金の額に算入されていますので、配当の額の5%を株式保有に係る利子等の費用とみなし、二重の費用の計上を回避するために5%部分は益金の額に算入することとされています。

なお、本制度の適用を受けるための条件である株式の25%以上保

有割合の基準が、租税条約の規定により10%以上（日米租税条約等）に変更されているケースも存在しますので、我が国が海外子会社の進出先国と締結している租税条約の規定を確認することが必要です。

　また、海外子会社の現地における法人税の課税所得の計算において、配当金の支払いが損金の額に算入されないことが前提となっています。したがって、海外子会社が所在する国の税法の規定において海外子会社の配当金の支払いが損金の額に算入できる場合には、当該配当金は我が国の法人税の課税所得の計算において益金算入となりますので、海外子会社が所在する国の税法の規定を確認することが必要となります。

　なお、海外子会社から配当を受領する際に、源泉徴収されるケースが存在しますが、当該配当が益金不算入となっている場合には、国際的な二重課税の状態が生じていないことから、益金不算入の対象となる配当の支払時に源泉徴収された税額は損金の額に算入されず、外国税額控除の対象にもなりませんので留意してください。

Q9 子会社からの受取配当に関連する子会社株式簿価減額特例について教えてください。

A9 法人が海外法人の株式を時価で取得して子会社化した後に、当該子会社から受領した配当は外国子会社受取配当益金不算入制度の適用を受け95%が課税されません。一方で、配当受領後は剰余金が減少していますので、当該子会社の時価は下落しています。そのような状況で、当該子会社株式を譲渡した場合には、帳簿価額と譲渡価額（時価相当額）との差額が譲渡損失となります。このような課税上の取扱いを利用する租税回避スキームを防止するために導入されたのが、子会社株式簿価減額特例の制度です。

　法人が議決権の数等の50%超を保有する（特定支配関係）子会社（特定関係子法人）から受ける配当等の額が子会社株式等の帳簿価額の10%を超える場合には、その配当金額のうち益金不算入額とされる金額に相当する額がその株式の帳簿価額から引き下げられ、これにより、将来的に発生する株式の譲渡損を未然に防止することが可能となります。

　なお、適用免除基準が定められており、①子会社が内国法人で、かつ設立日から発行済株式等の90%以上を内国法人等に保有されている場合の配当、②特定支配関係発生日から増加した利益剰余金を原資として支払われる配当、③特定支配関係発生日から10年を経過した日以後に支払われる配当、④2,000万円を超えない配当については、帳簿価額の引下げは必要ないとされています。

Q10 　外国子会社合算税制の概要について教えてください。

A10 　外国子会社合算税制は、居住者及び内国法人等が50%超の株式等を直接及び間接に保有している外国法人（外国関係会社）が対象となり、外国関係会社の株式等を直接及び間接に10%以上保有している内国法人が外国子会社合算税制の適用対象となります。

　外国関係会社がペーパー・カンパニー等に該当する場合には、特定外国関係会社となり、租税負担割合が30%未満（内国法人の令和6年4月1日以後に開始する事業年度については27%未満）であれば会社単位の合算課税（課税対象金額）が無条件で行われることになります。

　次に、ペーパー・カンパニー等以外の外国関係会社で、租税負担割合が20%未満であれば、会社単位の合算課税の対象（対象外国関係会社）となりますが、事業基準、実体基準、管理支配基準及び非関連

者基準（又は所在地国基準）の4つの経済活動基準の全てを満たしている場合には、合算課税の適用から除外されます。

なお、4つの経済活動基準のすべてを満たしている外国関係会社であっても、一定額以上の配当、利子、無形資産の使用料等の受動的所得を有している場合には、受動的所得部分に限定した合算課税（部分課税対象金額）の対象になりますので留意してください。

租税負担割合の計算は、原則として、次の算式で計算されます。

$$\frac{（本店所在地国で納付する外国法人税額）}{（本店所在地国における課税所得金額＋非課税所得金額）}$$

Q11 外国子会社合算税制における特定外国関係会社について教えてください。

A11 利子、配当、使用料等の受動的所得しか得ていないような租税回避リスクの高い外国法人が特定外国関係会社として定義され、ペーパー・カンパニー、事実上のキャッシュ・ボックス、ブラック・リスト国所在外国関係会社に分類されています。

ペーパー・カンパニーは、主たる事業を行うに必要と認められる事務所等の固定施設を有している実体基準及びその本店所在地国においてその事業の管理・支配等を自ら行っている管理支配基準等のいずれも充足しない外国関係会社とされています。

事実上のキャッシュ・ボックスは、総資産の額に対する一定の資産の額の割合が50%を超えており、総資産の額に対する一定の受動的所得の割合が30%を超える外国関係会社とされています。

ブラック・リスト国所在外国関係会社とは、情報交換に関する国際的な取組みへの協力が著しく不十分な国・地域に本店等を有する外国関係会社とされています。

Q12 外国子会社合算税制の適用除外の要件となる経済活動基準の具体的内容について教えてください。

A12 経済活動基準として、事業基準、実体基準、管理支配基準及び非関連者基準（又は所在地国基準）が規定され、全ての条件を充足する場合には、会社単位の合算課税の適用が除外されることとされています。したがって、4つの経済活動基準のうち、1つでも充足しない場合には、会社単位の合算課税の対象となります。

事業基準は、株式等若しくは債券の保有、無形資産の提供又は船舶の若しくは航空機の貸付を主たる事業としていないこととされ、統括会社等、金融持株会社、航空機リース会社等を除外する特例が設けられています。

実体基準は、本店所在地国において主たる事業を行うに必要と認められる固定施設を有していること。

管理支配基準は、本店所在地国において事業の管理、支配及び運営を自ら行っていること。

非関連者基準は、卸売業など7業種において適用され、非関連者との取引の割合が50%をこえていること、7業種以外においては所在地国基準が適用され、主としてその所在地において事業を行っていること。

Q13 外国子会社合算税制の会社単位の適用対象金額及び課税対象金額の計算方法について教えてください。

A13 外国子会社合算税制の会社単位の適用対象金額は、特定外国関係会社又は対象外国関係会社の各事業年度の決算に基づく所得の金額につき本邦法令に基づく方法又は外国の法令に基づく方法によって計算した金額に、繰越欠損金額及び納付法人税等に関する調整を加えて計算されます。

　課税対象金額は、適用対象金額に内国法人等が直接及び間接に保有する株式等に係る配当等の請求権割合を乗じて計算され、内国法人等の法人税の課税所得に加算されます。

Q14 外国子会社合算税制の部分課税対象金額の合算課税が必要なケースについて教えてください。

A14 経済活動基準のすべてを満たし会社単位の合算課税の対象外となった外国関係会社（特定外国関係会社を除きます。）は、部分対象外国関係会社として定義され、受動的所得としての性格をもつ特定所得の金額に係る部分適用対象金額が合算課税の対象となります。特定所得とは、持株割合25％以上の株式等に係る配当を除く剰余金の配当、受取利子、無形資産の使用料等の所得とされています。

　部分適用対象金額が外国関係会社の税引き前当期利益の5％以下、又は2,000万円以下の場合には少額免除の規定が働き、部分課税対象金額の合算課税が免除されます。

　少額免除の要件を満たさない場合には、部分適用対象金額に内国法人等が直接及び間接に保有する株式等に係る配当等の請求権割合を乗

じて部分課税対象金額が計算され、内国法人等の所得に加算して法人税の課税所得を計算することになります。

Q15 過少資本税制の概要について教えてください。

A15 企業が海外の関連企業から資金を調達する場合に、出資（関連企業への配当は損金算入できません。）を少なくし、貸付け（関連企業への支払利子は一定の要件の下で損金算入できます。）を多くすれば、わが国での税負担を軽減することができます。

このような、海外の関連企業との間において出資に代えて貸付けを多くすることによる租税回避を防止するため、外国親会社等の資本持分の一定倍率（原則として3倍）を超える負債の平均残高に対応する支払利子の損金算入を認めないこととする制度が過少資本税制です。

Q16 過大支払利子税制の概要について教えてください。

A16 企業の課税所得の計算上、支払利子が損金に算入されることを利用して、過大な支払利子を損金に計上することで、税負担を圧縮することが可能となります。このような課税所得金額に比して過大な利子を支払うことを通じた租税回避を防止するため、対象純支払利子等の額のうち調整所得金額の一定割合（20%）を超える部分の金額を当期の損金の額に算入しないこととする制度が過大支払利子税制です。

対象純支払利子とは、対象支払利子等の額の合計額からこれに対応する受取利子等の額の合計額を控除した残額をいい、対象支払利子等の額とは、支払利子等の額のうち対象外支払利子等の額（その支払利

子等を受ける者の我が国の課税対象所得に含まれる支払利子等の額等）以外の金額をいいます。

　調整所得金額とは、当期の所得金額に減価償却費や貸倒損失等を加算した金額とされています。

　対象純支払利子の金額が少額（2,000万円以下）である場合など、適用免除基準が設けられています。

Q17 我が国の税法と租税条約の規定の関係について教えてください。

A17 　我が国では、租税条約は憲法上において法律と同様の取扱いを受けることとなり、租税条約の規定が国内税法の規定に優先して適用されることになります。

　租税条約の規定の円滑な執行を担保するために、「租税条約の実施に伴う所得税法、法人税法及び地方税法の特例等に関する法律」が設置され、国内法と租税条約の規定の調整が図られています。

　なお、租税条約の規定が国内法の規定を上回る税率で規定されている場合には、国内法の規定が優先されます。

Q18　租税条約に規定する恩典を享受するための手続きを教えてください。

A18　租税条約の規定により利子、配当、ロイヤルティ等の支払に関して国内法で源泉徴収される税率が軽減又は減免される場合に、租税条約に規定する税率が自動的に適用されるのではなく、租税条約に関する届出書を提出する必要があります。

日本法人が海外の非居住者に対して支払う場合には、支払いの前日までに当該非居住者が支払者である日本法人を通じて日本法人を管轄する税務署長に租税条約に関する届出書を提出することとされています。なお、適用を受ける所得毎に様式が定められており、租税条約締結国によって様式の一部が追加や変更されていますので留意してください。

日本法人が受領者である場合には、海外の支払者が所在する国の規定に基づき、租税条約に関する届出書を海外の支払者を通じて海外の税務当局に提出することとなります。

租税条約に関する届出書には、受領者が自国の居住者である旨を税務当局が証明する「居住者証明書」や関係書類の添付が必要とされることが一般的です。

この居住者証明書の発行は一定期間の日数を要しますので、支払期日を念頭におき、計画的に取得しておく必要があります。

Q19 租税条約に基づく情報交換制度の概要について教えてください。

A19 企業や個人が行う国際的な取引については、国内で入手できる情報だけでは事実関係を十分に解明できないことがあります。そのような場合には、二国間の租税条約の規定に基づく情報交換を実施することにより、相手国の税務当局から必要となる情報を入手することが可能となっています。近年、租税条約に基づく情報交換の枠組みの拡大・強化が図られるとともに、一部の国との間では、調査担当者が相手国の担当者に直接会って、調査事案の詳細や解明すべきポイントなどについて説明・意見交換を行う情報交換ミーティングを開催するなどにより、情報交換が効果的・効率的に実施されています。

更に、OECDで公表された非居住者に係る金融口座情報を各国の税務当局間で自動的に交換するための「共通報告基準」(CRS:Common Reporting Standard) に基づく自国で非居住者が保有する金融口座情報や移転価格文書の国別報告書が他国の税務当局に提供されており、我が国においても、他国の税務当局から、我が国の居住者が海外で保有する金融口座等の情報の提供を受け蓄積されています。

Q20　海外子会社に対する寄附金の税務上の取扱いについて教えてください。

A20　法人税法37条において、一般寄附金は所得金額と資本等の金額を基準にして計算された損金算入限度額を超える部分について、損金不算入とされています。しかしながら、移転価格税制の適用対象となる国外関連者に対する寄附金は租税特別措置法66条の4で全額が損金不算入とされています。

　例えば、海外子会社と技術指導契約を締結し、一定の計算式で技術指導料を受領することとなっている場合において、合理的な理由なく当該技術指導料の対価を免除した場合には、当該対価の額が寄附金となり、当該寄附金の全額を損金不算入として法人税の課税所得を計算する必要があります。

Q21　海外子会社への出向者に係る給与較差補填について教えてください。

A21　海外子会社への出向者に係る給与等については、出向先である海外子会社が全額を負担することが原則となります。しかしながら、我が国と出向先の国の給与水準等に較差があり、出向先法人である海外子会社から受け入れた金額が出向先法人の給与ベースで計算されている場合には、出向元法人が当該出向者に支給した給与等の額を下回り、出向元法人が給与の較差を事実上負担するケースが生じます。

　この給与の較差補填に関しては、次のような見地から法人税基本通達9−2−47で損金の額に算入するとされています。

　出向元法人と出向者との間において雇用契約が維持されている以上、出向者としては、出向後においても従来どおりの労働条件を保障するよう出向元法人に対して要求する権利が保有されています。出向先法人が自己の給与ベースに基づいて出向者に対する給与相当額を計算し、これを出向元法人に対して負担金等として支出している場合には、必然的に出向元法人においてその給与較差部分に相当する金額を負担しなければならないこととなります。この場合の出向元法人における給与較差補填部分の負担は、出向元法人と出向者の間の雇用契約に基づくものであり、出向先法人に対する単なる贈与的性格ではありません。また、給与較差補填部分の負担を出向先法人に対して強制できる性質ではなく、出向先法人で負担できない事情があれば、出向元法人において支給しなければならない性質のものであり、給与条件の較差補填のために出向元法人から出向者に対して支給される金額は、本来の雇用契約に基づくものであることから、出向元法人において損金の額に算入されるとされています。

　なお、税務調査においては、給与較差補填の額が過大となっていないかの検討が行われますので、出向元法人と出向先法人の間で、出向者に対する給与等の負担契約を締結するとともに、較差補填額が適正に算定されていることを疎明できる資料（出向先の給与規定や給与水準等の客観的な説明資料等）を準備しておくことが必要です。

Q22　海外子会社が業績不振のため、貸付金利等の減免を行う予定ですが、税務上の取扱いについて教えてください。

A22　法人税基本通達9-4-2「子会社等を再建する場合の無利息貸付け等」において、法人がその子会社等に対して金銭の無償若しくは通常の利率よりも低い利率での貸付け又は債権放棄等

(以下9-4-2において「無利息貸付け等」という。）をした場合において、その無利息貸付け等が、例えば業績不振の子会社等の倒産を防止するためにやむを得ず行われるもので合理的な再建計画に基づくものである等、その無利息貸付け等をしたことについて相当な理由があると認められるときは、その無利息貸付け等により供与する経済的利益の額は、寄附金の額に該当しないものとするとされています。

　このように、子会社等を再建する場合の損失負担等については、その損失負担等に経済合理性がある場合には寄附金に該当しませんが、この経済合理性を有しているか否かの判断は、次のような点について、総合的に検討されます。

①　損失負担等を受ける者は、「子会社等」に該当するか。

②　子会社等は経営危機に陥っているか（倒産の危機にあるか）。

③　損失負担等を行うことは相当か（支援者にとって相当な理由はあるか）。

④　損失負担等の額（支援額）は合理的であるか（過剰支援になっていないか）。

⑤　再建管理はなされているか（その後の子会社等の立ち直り状況に応じて支援額を見直すこととされているか）。

　単に海外子会社が赤字であり倒産の危機にない場合、合理的な再建計画が策定されていない場合、損失負担額（子会社に対する利益供与額）が過大となっている場合には、事後の税務調査で海外子会社に対する寄附金と認定されるケースが生じますので、無利息貸付け等を実施する場合には事前の慎重な検討が必要です。

COLUMN

国際課税を少し勉強してみませんか

　企業や個人による国境を越えた経済活動が増加かつ活発化し、大企業だけではなく、広く中小企業や個人の方においても日常的に国際的な経済活動を行っている状況にあります。このような状況において、国際課税に関する税制や租税条約の規定は複雑で理解するのが困難であるとか、進出先国等の税制の確認まで手が及ばないなどの話が聞こえてきます。一方で、租税条約で税の軽減が認められていることを知らずに通常の税率で源泉徴収されているケース、外国税額控除を適用すれば我が国で納付する税金が減少するにもかかわらず適用していないケースなど、本来であれば納めなくてもよい税金を納めているケースが散見されます。逆に、税務調査で国際課税に係る多額の課税処分を受け、納税資金確保のために事業運営に少なからず影響を受けているケースも見受けられます。

　ご承知のように、事業を行っていくうえで、税金の問題は避けて通れない問題であり、海外に進出されている中小企業の経営者の皆様においても、国際税務に関する知識や税制を習得することが事業を円滑に遂行するためにも必須の業務となっています。

　我が国の国税当局の執行においても、国際課税に係る調査の充実を最重点調査項目の一つとして掲げ、国際課税の執行を担当する機構の整備や国際課税の専門家の育成等に積極的に努めるなど、調査体制の充実・強化が図られています。更に、欧米諸国企業の過度な租税回避行為が国際的な政治問題に発展したことを踏まえ、租税条約に基づく情報交換制度をベースとした各国の税務当局間の連携・協調体制の強化や税制改正等により、各国の税務当局が国際的な租税回避行為に対して厳格に対応し、適正・公平な課税の確保に努めていくことを表明している中で、我が国においても着実に国際的な租税回避行為への対応が実施されてきています。

　一方で、進出先の国等においても、税務コンプライアンスの向上を求める機運が、特にアジア諸国を中心とした新興国において急速に高

　まっている状況にあります。また、税収確保の観点から外資系企業に的を絞った課税強化の動きが散見されています。したがって、海外進出するにあたっては、我が国の税法のみならず、進出先国の税法及び税務執行状況を踏まえて、適正な申告を行うことが必須の状況となっています。特に海外においては、税務調査における追徴課税が行われる際のペナルティ（我が国における過少申告加算税や延滞税）が我が国と比較して厳しく規定されているケースが数多く見受けられます。

　国際課税に係る税務調査は、内外ともに、多額の追徴課税に結びつき、事業損益に多大な影響を及ぼすケースも見受けられますので、事前の慎重な検討が必須の作業であると考えます。

　本編では、中小企業の経営者の皆様を対象に、国境を越えた日常取引に内在する法人税等に係る課税上の制度や留意点を、Q&Aの形式で実務家の視点から解説するとともに、申告にあたってのチェックリストを添付していますのでご活用ください。

　なお、紙面の都合上、我が国の国際課税に限定した基本的な説明等に留まっていますので、実際の申告に当たっては、税法等を確認するとともに必要に応じて税理士等の専門家に相談されることをお勧めします。

国際課税対応の留意事項・チェックリスト

項　　　　　　　目	☑
総　論	
1　我が国の国際課税に係る税制の概要を理解していますか。	☐
2　進出先の税制の概要を理解していますか。	☐
3　資本系統図を作成していますか。	☐
外国税額控除制度の適用	
1　外国税額控除制度の適用により納付すべき法人税の額が減少していますか。	☐
2　控除対象外国法人税に、控除対象とならない外国法人税や高率負担部分、租税条約に規定する限度税率を超える外国法人税が含まれていませんか。	☐
3　控除限度額の計算において、国外所得の金額から非課税国外所得金額の調整を適正に行っていますか。	☐
4　繰越控除限度額及び繰越控除余裕額が適正に利用されていますか。	☐
外国子会社受取配当益金不算入制度の適用	
1　25％以上（租税条約の規定により10％以上）の株式を配当等の支払義務が確定する以前6月以上引き続き保有している海外子会社からの配当ですか。	☐
2　海外子会社の課税所得の計算において配当金の支払いが損金の額に算入される配当が含まれていませんか。	☐
3　益金不算入の対象となる配当受領時に源泉徴収された税額を損金の額に算入していませんか。	☐
外国子会社合算税制の適用	
1　資本系統図に基づき対象となる外国法人を的確に把握していますか。	☐
2　ペーパー・カンパニー等に該当する特定外国関係会社は存在していませんか。	☐
3　租税負担割合の計算は適正に行われていますか。	☐
4　特定外国関係会社以外の外国関係会社で租税負担割合が20％未満の場合に、会社単位の合算課税の適用除外となる4つの経済活動条件のすべてを充足していますか。	☐
5　会社単位の適用対象金額及び課税対象金額が適正に計算されていますか。	☐
6　会社単位での合算課税が免除されている部分対象外国関係会社に該当する場合に、部分合算課税の要否について適正に検討されていますか。	☐
租税条約の規定の適用に係る届出書	
1　租税条約の規定により国内法に規定する源泉徴収税率の軽減又は減免の適用を受ける場合に、租税条約に関する所定の届出書を海外の非居住者から事前に受領し、所轄の税務署に提出していますか。	☐

	項　　　　　目	☑
2	租税条約の規定により外国の法令に規定する源泉徴収税率の軽減又は減免の適用を受ける場合に、租税条約に関する所定の届出書を海外の支払先を通じて海外の税務当局や税務署に提出していますか。	☐
海外子会社等に対する寄附金課税		
1	海外子会社への出向者に係る給与較差補填の額が、海外の給与水準等に基づき適正に計算されていますか。	☐
2	業績が不振な海外子会社に対して支援を行っている場合に、倒産を防止するためにやむを得ず行われるものであって、合理的な再建計画に基づいたものですか。また、支援額が過大になっていませんか。	☐
3	海外子会社から受領すべき対価の額が合理的に理由もなく免除されているケースはありませんか。	☐

7 移転価格課税の対応

(1) 移転価格課税の概要

　移転価格税制は、国境を越えるグループ企業間の取引価格を通じて国外に法人の課税所得が流出することを防ぐための制度です。わが国では1986年に導入されました。現在では世界中ほとんどの国が同様の制度を導入しており、対応の困難さと金額的なインパクトの大きさのために、海外に子会社をもつ企業の多くが対応に苦慮しています。

　移転価格税制は、グループ企業（「国外関連者」といいます）との取引（「国外関連取引」といいます）が「独立企業間価格」で行われていない場合には、独立企業間価格で行われたものと「みなして」法人税を計算するというものです。意図的かどうかは問いません。

　海外子会社との間に取引がある法人であれば、規模にかかわらず適用されます。適用対象取引の種類は、商品売買、役務提供、ロイヤルティ、金利などすべての取引です。我が国では国内取引には適用されませんが、国によっては国内取引にも適用されます。

　移転価格税制は途上国を含めて多くの国が導入しています。親子間で取引がある場合、親会社には日本の移転価格税制、子会社には所在地国の移転価格税制が適用されることになります。移転価格税制は各国とも基本的な仕組みは同じですが、細かい点で制度の違いはありますし、執行当局の方針や運用状況には多かれ少なかれ違いがあります。海外に子会社を持つ企業は、日本と外国の双方の制度と執行状況に関する情報を把握したうえで移転価格リスクに備える必要があります。

　移転価格課税を受けると、同じ所得に対して2つ以上の国で課税されることになります。いわゆる経済的二重課税です。その場合、子会社の所在地国と我が国の間に租税条約があれば、相互協議合意による

二重課税の排除の道があります。条約では、移転価格課税による二重課税は排除されなければならないと規定しており、その手段のひとつとして相互協議があります。実際に相互協議はさかんに行なわれていますが、相互協議の当事国には合意義務はありませんので、必ず合意が成立して二重課税が排除される保証はありません。条約には仲裁規程を入れている場合もありますが、仲裁の実例はまだ僅少です。

　納税者が移転価格リスクを事前に管理できる仕組みとして、ほとんどの国が事前確認制度（APA：Advance Pricing Arrangement）を利用可能にしています。また、APAの内容を相互協議で話し合って合意するBAPA（Bilateral APA）の枠組みもあります。最近の我が国の相互協議案件の多くがBAPAの案件です。

〈OECDガイドライン〉

　移転価格税制の特徴として、各国の制度の内容が「OECD移転価格ガイドライン」に準拠していることが挙げられます。その背景には、OECD租税委員会が、移転価格税制が国際的な二重課税をもたらす危険があることから、先進国間で醸成した国際的な統一ルールを途上国にも広めるためのアウトリーチ活動を積極的に行ってきたことがあります。

　OECD移転価格ガイドラインは、「独立企業原則」を基本原則としています。つまり、適正な価格とは「独立企業間取引であったとしたら実現したであろう価格」であるとする考え方です。そのため、実際に移転価格を決定する場合には、独立企業間において実際に行われている取引の価格や所得配分と比較することが基本になります。

　OECDガイドラインには、法的拘束力はないのですが、加盟国の税務当局の代表による議論の結果として合意されたものであるという点において、各国の移転価格税制を解釈するうえでの拠り所となっています。わが国の移転価格税制も基本的に同ガイドラインに準拠してい

ます。

　OECDガイドラインは独立企業原則を堅持すべきという立場ですが、独立企業原則は企業にとっても税務当局にとっても運用が困難であるというデメリットがあることから、より簡便な方法を取り入れるべきであるという議論があります。独立企業原則は永遠に不滅のものではありません。将来においては、業種ごとに利益率の幅を設けるといった制度に移行する可能性はあります。

(2)　移転価格課税対応の留意事項Q&A

Q1　移転価格対応が難しいと言われるのはなぜですか。

A1　多国籍企業の税務に関する懸念事項のアンケートで常にトップに位置するのが移転価格です。最大の理由は、対応が難しいことと、金額的なインパクトが大きいことです。

　対応が難しい理由は、「独立企業間価格」の算定において主観が入り込みやすいため、税務調査の際に課税当局と争いになりやすいことです。主観が入り込みやすい理由は、「独立企業間価格」の算定において客観性を確保することが難しいからです。独立企業原則は、分かりやすくいうと、「比較可能な独立の第三者間の取引価格による」ということですが、比較可能かどうかの判断には主観が入ります。リンゴとみかんは似ているという人もいれば似ていないという人もいます。基本的に主観の問題であり、多かれ少なかれ程度問題なのです。また、実際の企業の経済取引において付される価格は、取引をめぐる様々な状況が影響するものですから、厳密に比較可能な価格などというものは、そもそも存在しないのです。

　独立企業原則に代わる原則が発明されていない現状においても、企

業はそれに対応しなければなりません。現在の実務では、企業が独自の判断で適正と考えられる価格を決定し、それが移転価格上問題ないことを文書で説明し調査に備えます。税務当局は調査においてその文書を参考にして効率的に移転価格をチェックするという枠組みで制度が運営されています。したがって、企業にとっての移転価格対応としては、税務当局が読んで移転価格問題はないと判断してもらえる文書を作成することが非常に重要です。

また、移転価格リスク対策は、事業に直接関係するものであることから、移転価格対応を考える際には、経営陣の理解と協力が不可欠です。一般に、経営陣は移転価格のことはご存知ないことが多く、税務調査で指摘を受けて初めてその重要性に気付いたという例が多いと思います。不意に多額の追徴課税を受けないために、経営陣は日頃から率先して移転価格税制に関心を持つべきです。

Q2 「独立企業間価格」はどのように決まるのですか。

A2 「独立企業間価格」の算定方法は各国の法律で決められています。我が国では、以下に掲げた5つの方法のうち、個々の取引の状況において「最も適切な方法」と認められる方法が、「独立企業間価格算定方法」となります。他の国々でもほぼ同じです。

CUP法（独立価格比準法）：Comparable Uncontrolled Price method

RP法（再販売価格基準法）：Resale Price method

CP法（原価基準法）：Cost Plus method

PS法（利益分割法）：Profit Split method

TNMM（取引単位営業利益率法）：Transactional Net Margin method

　これらの5つの方法のうち、PS法以外は、比較可能な第三者間の取引価格や利益率と、問題となる取引の価格や利益率を比べて、独立企業間価格の幅の範囲内にあるかどうかを検証する方法です。

　「最も適切な方法」は、まずは企業自身が判断して選択します。企業には、選択した算定方法が適切であることを説明する文書を作成し調査に備えて保存する義務が課されています。「移転価格文書化義務」といいます。

　移転価格の税務調査は、移転価格文書があれば、そこに説明された内容が事実に基づいた適切な分析によるものであるかどうかをチェックするものです。調査の際に文書がない場合、作成を求められます。要請に応じない場合、調査官自身が「最適」と考える方法で課税することが可能になります。わが国では、課税処分の内容が正しいことを立証する責任は通常は税務当局にあるのですが、説明文書を提出しない場合には、立証責任が納税者に転嫁され、その結果、税務当局は自身が正しいと「考える」内容で課税処分を行うことが可能になります。それに対して納税者が有効な反論ができない場合には、税務当局の主張がそのまま通ることになります。したがって、文書化は移転価格対応策の中でも特に重要です。

Q3 子会社とのロイヤルティ率はどのように決めればよいですか。

A3 移転価格算定方法をロイヤルティ率の決定に適用する場合、以下の3つの方法が考えられます。

ひとつは、ロイヤルティ取引の公開データベースから類似した取引を抽出する方法です。通常は100%比較可能な取引はないので、実務的には「ある程度似ている」取引のロイヤルティ率を並べて、その幅の中に入っていれば適正な水準であると結論づけます。算定方法の名称としてはCUP法になります。

2つめは、子会社のロイヤルティ控除後の営業利益率を現地の比較対象企業の利益率と比較して、前者が後者の幅の中にあれば問題ないと説明する方法です。算定方法としてはTNMMになります。

3つめは、ロイヤルティ取引後の営業利益の配分割合が、当事者双方の利益への貢献度に相応したものになっていることをもって適正性を説明する方法です。算定方法としてはPS法になります。

移転価格調査で当局がロイヤルティ率を算定する場合は、2つめの方法を使うことが多いと思われます。企業自身が算定する場合は、公開データベースを活用するほか、同業他社に情報収集するなどによりひとつめの方法を取ることが多いと思われます。その結果決定したロイヤルティ率を控除した子会社の営業利益率が、2つめの方法の利益率の幅の中に入るようにすることで、調査において指摘を受けるリスクを軽減できます。

Q4 グループ間でサービスを提供した場合の留意点はありますか。

A4 グループ内で役務提供を行った場合にも、商品を販売した場合と同様、対価を請求するのが原則です。役務提供は商品取引と違って目に見えないので、請求もれになりやすい面があります。とくに、管理部門が子会社のために行う経営支援のための役務提供は請求もれが起こりやすいので注意が必要です。

しかしすべての役務提供に移転価格税制が適用されるわけではありません。親会社が株主として子会社を監督する立場で提供した役務（株主活動といいます。）及び、子会社が行っている活動と同じ内容の役務（重複活動といいます。）については、対価を請求する必要はありません。

また、役務提供を行った場合に、コストに利益分を載せて請求するべきなのか、コスト分だけ請求すれば税務上問題にならないのかという論点があります。この点についても移転価格通達では、グループの本業に「付随する活動」であれば、コストだけを請求すればよいとしています。

Q5 移転価格文書を自社で作成する場合の留意点を教えてください。

A5 我が国の移転価格税制の規定では、海外子会社との間で取引を行った法人は、各事業年度において移転価格文書（移転価格が通常の価格で行われたことを説明する文書）を作成しなければならないとされています。中でも、取引金額が棚卸資産取引で往復計

50億円以上、その他の取引で2億円以上ある場合には、法人税申告書の提出期限までに移転価格文書を作成しなければなりません。これを「同時文書化義務」といいます。「同時」とは「申告書提出時」という意味です。

　文書に記載すべき内容は、法令で定められていますが、概要は以下のとおりです。これらのうちとくに重要なのが、1と2において取引に関する事実をできるだけ詳細に記述することです。調査官がそれを読んで、取引価格が移転価格上問題ないと判断できる内容になっていればよいのですが、事実関係に関する詳細な説明がないままでは、適切かどうか判断のしようがないからです。

〈移転価格文書の記載事項〉

1. 移転価格税制の対象となる取引の内容
2. 取引当事者であるグループ企業が果たす機能、負担するリスク、使用する資産
3. 取引が行われる市場の状況
4. 取引対価の額と決定方法
5. 価格算定の際に用いた移転価格算定方法及び採用した比較対象企業の財務データ
6. 比較対象取引の価格との差異がある場合は差異の調整方法

　これらのうち、5番目の比較対象企業の財務データは、通常は一般企業では入手できず、市販のデータベースを使うことで初めて入手できるものです。これを使う場合には、データベースの使用契約をもっている外部専門家に依頼するか、データベースを自社で購入するしかありません。データベース使用料は高額なので、中小企業には手が出ないのが通常です。対応策としては、移転価格ポリシーを作成する際に、一般的に問題ないと考えられる利益率を目標値として設定し、実績値がその幅の中に入るように価格をコントロールすることです。

　移転価格文書のひな形は国税庁のホームページに2件の例が出ていますので、それを参考にすれば自社で作れないことはありません。出来栄えが心配であれば、移転価格に詳しい税理士等専門家にチェックを依頼すればいいでしょう。

Q6 中小企業の移転価格調査における主な指摘事項と対処方法を教えてください。

A6 　最近では、年間売上高が数十億円くらいの比較的小規模の企業に対しても移転価格調査が行われるようになっています。法人税申告書別表17⑷の国外関連者に関する明細表で、海外子会社との間で年間数億円の取引があることが分れば調査の対象になる可能性があります。経験的に、以下に該当する場合は移転価格課税リスクがある可能性が高いので、当てはまる企業は調査に備えて事前の対策を取っておいたほうがいいと思います。

①　海外子会社の利益率が現地の独立の同業他社に比べても親会社に比べても高い

②　海外工場への技術者派遣のコストを請求すべきにもかかわらず請求していない

③　海外の製造子会社にロイヤルティを請求していない

④　外貨建てローンであるにもかかわらず貸付利率に円金利を適用している

〈事前の対策〉

①　海外子会社の高利益率の原因が移転価格によるものか他の要因によるかを分析します。子会社の利益率が比較的高い理由は様々で、移転価格が原因ではない場合もあります。例えば、取扱製品

が特定の国においてローカル市場の要因によって高値で売れる場合には、それはローカル市場の特性によるものであって、少なくとも直接的には移転価格によるものではない可能性があります。

　移転価格が原因でないとの結論が得られた場合には、その分析内容を文書にしておきます。調査の際に、担当者が変わってしまって過去のことが分からないということはよくあります。文書にしておくことでそれが防げます。

　一方、移転価格が原因であるとの結論になった場合は、取引価格を見直す、あるいは新たにロイヤルティや役務提供対価を請求することにより、海外子会社の利益率を下げるといった対応が必要になります。第三国を経由した商流になっているため、価格を見直しても問題が解消されない場合は、商流を見直すことが必要になることもあります。

② 　海外子会社に技術者を派遣した場合のコスト負担の仕方について、子会社との間で取決めを結んでおくことが重要です。どちらのための出張なのかにより、どちらが負担すべきかが違ってきます。そうした判断は後になってすることは困難です。出張の都度どちらの負担とするかを判断するように事務手続きを整備して、支払の都度決裁文書を作成し保存するといった対策をとっておけば、調査の際にスムーズに対応できます。

③ 　子会社の利益率が高い場合に、ロイヤルティや役務提供対価の請求もれが原因と判断されて課税されることが多いと言えます。対策としては、上記①と同様、ロイヤルティ控除後の子会社の利益率を適正な範囲におさめることが有効な対策となります。

④ 　独立企業間ローン金利は、通貨、期間、担保の有無によって違うので、外貨建てで貸し付けるのであればその外貨の金利を適用する必要があります。

　貸付を現地通貨建てにするのは為替リスクを子会社に負担させ

ないためであることが多いと思いますが、子会社は為替リスクを
負担しなくて済む代わりに、高い金利を負担しなければなりません。

　なお、親子間ローンの独立企業間利率は、借り手の信用力を反
映したものでなければならないため、信用力の低い子会社の負担
すべき利率は相当高くなる可能性があります。また、最近税務調
査で保証料を請求していないという指摘が多くみられます。親会
社が子会社のローンに保証をつけている場合、それによって金利
が低くなっている場合は、親会社から子会社への保証の役務提供
がおこなわれているため、その対価をとるべきという指摘です。
親子間ローンに関する移転価格通達が令和5年に改訂され厳しい
内容になったこともあり、保証料は、今後の調査において指摘さ
れることが増えると見込まれます。

移転価格チェックリスト

	項　　　目	☑
1	移転価格調査は自社のような中小企業には来ないものと考えていないか。最近は中小企業でも対象になっている。	☐
2	移転価格税制のポイントを把握し、もしもの税務調査に備えて最低限の準備はしているか。	☐
3	グループ間の取引について、移転価格課税リスクの有無を検討したことがあるか。	☐
4	日本及び海外子会社所在地国における移転価格の制度、文書化義務の内容、執行の状況を把握しているか。	☐
5	グループ内における新たな取引の価格を設定するときは、移転価格税制の観点からのチェックをしているか。	☐
6	グループ全体の移転価格ポリシーを持っているか。グループ全体にそれが周知されているか。	☐
7	海外子会社の移転価格税制への対応を、子会社任せにせず、本社で集中して管理しているか。	☐
8	移転価格課税リスクを最小化するための手段として、事前確認（APA）制度があることを知っているか。	☐
9	移転価格課税を受けると、必ず二重課税になることを理解しているか。	☐
10	移転価格課税に起因する国際的二重課税を解消するには、租税条約に定める政府間協議による合意が必要であり、合意なしに調整額を損金に計上できないことを知っているか。	☐
12	外貨建貸付の金利は、円金利ではなく、その外貨の市場金利を付しているか。	☐
13	海外子会社の管理機能の一部を本社が代行している場合、適正なサービス対価を請求しているか。	☐
14	海外子会社への従業員の出張についてのコストの負担について、グループ内でルールを定めているか。各出張ごとに決裁文書を作成保存しているか。	☐

参 考

おさえておきたい
ビジネスマナー
10のポイント

執筆：吉田美香子、伏見俊行

　AI（人工知能）の急速な発展や新型コロナウィルスがビジネスシーンに大きな影響を与える中、「人間力」の重要性が改めて見直されています。

　AIの進化により、2045年にはAIの知能が人間を超える「シンギュラリティー」（技術的特異点）が到来するのではないかとも言われています。ChatGPTなど生成AIの登場でこうした動きは更に加速し、今ある仕事がどのように変わっていくか予測がつかない時代になってきました。働き方も新型コロナウィルス感染症の影響で大きく変化しました。言われたことだけやっていればよい時代は終わったのです。組織・企業にとって、お客様にとって、仲間にとって、「あなたでなければ」「あなただから」と言わせる自分を、自分自身で磨いていく、「セルフブランディング（自己ブランディング）」していく時代に入りました。セルフブランディングとは、自分自身を「商品」と捉え、自分をブランド化し、魅力的に発信して自己実現を目指すこと。あなたの商品価値を上げるために、ヒューマンスキル（人間力）とテクニカルスキル（専門知識・技術・資格・経験等）のバランスはとても重要です。この章では、あなたの持っているテクニカルスキルをより魅力的に表現するための「人間力」を磨く方法をお伝えします。

1.	すべての基本は「思いやり・相手本位」
2.	見極める力（4つの目・3つの視点・目的と手段）
3.	「笑顔」の力
4.	TPOをわきまえた言葉遣いとマナー
5.	第一印象を決める「最初の15秒」
6.	衝動のコントロール：「6秒ルール」
7.	集中力の持続時間：「3分間スピーチ」と「45分ルール」
8.	「5分前精神」で約束厳守・信頼獲得
9.	「報・連・相」、「メモ」と「復唱確認」
10.	自分で作る心と姿勢「セルフマネジメント」

1. すべての基本は「思いやり・相手本位」

マナーの基本は「相手に不快感と不安感を与えない」ことです。相手が不快に思ったり、相手を不安にさせたりすることはマナー違反です。

自分本位（自分ファースト）から相手本位（相手ファースト）へ。相手が何を求めているのか、相手のことを考えて行動すること。これは、日本の伝統的な姿勢であり、今日、日本の繁栄の礎になっている行動様式です。相手本位、相手ファーストの取組みが、品質の向上や、おもてなしの心のあるサービスを生み、結果、日本も、企業も、成功したのです。

(1) 話し上手より、聞き上手

最上の対人対応は、話し上手で、聞き上手な人です。次は、話し下手でも、聞き上手な人。聞き上手であれば相手からの信頼は得られます。話し上手であっても、聞き上手になれない人は、ただの話し好きです。

なぜ聞き上手が良いのでしょうか。それは、相手本位、思いやりの姿勢を示す行動だからです。相手を主体に考えれば、自己主張より、相手のことを慮り、相手の話を聞くことが中心になります。相手は満足し、聞いてくれる相手に安心感、信頼感を持つでしょう。あなたにとっても、相手の情報を吸収できるだけでなく、自分の考えを整理する時間ができ、要領を得た、無駄のないコンパクトな発言をすることもできます。そして、周囲の人も、余計なことを言わず簡潔に話すあなたに、高い評価と信頼感を抱くことでしょう。

「人には口が一つなのに耳は二つあるのは何故だろうか。それは自分が話す倍だけ他人の話を聞かなければならないからだ」（ユダヤの格言）、「人の話を聴くことで人生の80％は成功する」（米国の作家デール・カーネギー）等、多くの名言があります。人の話を聞くときは、「傾聴」という言葉があるように、相手に体を向け、耳と目と心を傾けて

「聴く」姿勢を心がけましょう。肯定的な頷き、相槌はコミュニケーションの潤滑油です。

(2) コミュニケーションの基本はface to face（面談）

IT社会が定着し、インターネット連絡、オンライン交流が普通になり、国をあげてデジタル化を進めています。

コミュニケーション手段の歴史を辿れば、初めは面談のみ、やがて手紙が使われ、技術革新により、電信、電話、ファクシミリ、携帯電話と発展。ネット社会が到来すると、メール、スマートフォン、LINE、X（旧Twitter）、そしてビデオ通信が日常化するまでになりました。ICT（情報通信技術）の大革命です。確かに、インターネットの利用は、効率、迅速、正確など、利点は大です。これからのビジネスではインターネット利用のコミュニケーションは不可欠であり、基本になります。

しかし、だからこそ、本当に大事な話、相手への配慮・思いを伝えたいときには、面談の有用性、重要性が高くなるのです。コミュニケーションは、単に情報の連絡ではなく、心の伝達でもあります。なぜ「情報」という言葉があるか。なさけ「情」と知らせ「報」を伝えることなのです。単なる文字や音声だけでは、相手の心はキャッチできません。直接会って感じ取る雰囲気、表情、姿勢、所作が見えて初めて心が伝わり、誤解もなくなるのです。文字だけ、音声だけだと、冷たい、きつい、過大、過小な憶測を生み、相手に誤解を与えかねません。これは皆さんも経験しているのではないでしょうか。心を添えて知らせを伝える方法は、やはりface to faceが一番でしょう。残念ながら、新型コロナウィルス感染拡大の影響で、テレワークを推奨する企業・会社が増え、オンラインでの面談も増えてきました。面談が最善とは言いながら、これからはオンラインを利用したface to faceが直接面談に準ずる方法として重要になっていくのでしょう。

いずれにせよ、これからの時代は、面談、書簡、電話、ファクシミ

リ、メール、LINE等の特性を理解して、適切に使い分けることもビジネスマナーとなってきます。

2. 見極める力（4つの目・3つの視点・目的と手段）

⑴ 鳥の目・虫の目・魚の目・コウモリの目

「ビジネスや人生は、鳥の目・虫の目・魚の目・コウモリの目で捉える」ことが大切です。

- ・全体を広く俯瞰する「鳥の目」（視野の広さ）
- ・細部を緻密に正しく見る「虫の目」（視点の深さ）
- ・時代やトレンドの流れを的確に読む「魚の目」（視点の長さ）
- ・既定の概念に捉われず逆の立ち位置で物事を捉える「コウモリの目」（視点の切替え）

あなたの業務を通して「鳥の目」「虫の目」「魚の目」「コウモリの目」を磨いてください。

⑵ 「長い目」「広い目」「命の目」（長期的な視点、広域的な視点、命最優先の視点での判断）

同じように「本質を見極める力」を向上させる為の3つの視点があります。

目先の損得・忖度、自分たちだけ良ければよいという損得・忖度、命の大切さを忘れた行動をとらないよう戒めることです。どうしても、目の前の損得に気をとられ、将来、未来、次世代にまで考えが及ばないことが多々あります。赤字財政、借金の子孫への付け回しはその典型です。

また、自分たちだけ良ければよいという動きによる失敗例も多々あります。利益至上主義の経済運営やビジネス行動、国際的租税回避行為などはその最たる例です。

そして、何よりも大切なもの、それは「命」です。どのような選択があろうとも、そこに命に関わる選択がある場合には、最優先で尊重

されるべきです。戦争と平和、環境問題、健康問題、食料問題、治安問題など、命に関わる選択がある場合には、何よりもそれらを優先することです。目先の利得を優先し、一番大切なことを忘れ、大きな後悔、負担、信用の喪失に繋がることがないよう留意したいものです。

⑶ 「目標」と「手段」を間違えない

夢や希望、目標を持つことは素晴らしいことです。しかし、手段を目標や夢と勘違いする人が少なくありません。例えば、大学入学、資格取得、就職などは手段であって目標ではありません。その後、どうするかが大切です。社会人になり、専門家になり、そこからどのような人生を送るか。社会への貢献、生き甲斐のある人生をどのように築いていくか。目先の目標を最終ゴールと勘違いしないようにしたいものです。

3.「笑顔」の力

「単なる笑顔であっても、私たちには想像できないほどの可能性があるのよ。(We shall never know all the good that a simple smile can do)」これは、マザー・テレサの言葉です。また、「笑う門には福来たる」という諺があるように、笑顔の力は古くから認知されていました。心理学では表情フィードバックといって、表情がフィードバックされて、その表情の感情を引き起こす、つまり「笑顔を作ればハッピーになる」という説もあります。

ビジネスの現場では笑顔は最強の武器です。笑顔で口角が上がると声のトーンも変わります。とくにサービス業の場合、あなたの笑顔にもお給料が支払われているのです。

笑顔がもたらす力は、身体（免疫力アップ・ハピネスホルモン分泌など）にも、心にも、人間関係にもプラスに働きます。なによりお金もかからず、誰もが今すぐできるサービスです。笑顔はあなたの付加価値です。

自分では「笑顔のつもり」、「私は大丈夫」、と自己評価の高い人が多々います。さあ、鏡であなたの表情をチェックしてみてください。自己認知することからスタートです。

4. TPOをわきまえた言葉遣いとマナー

(1) ビジネス上の言葉遣い

ビジネスの会話はプライベートの会話と違い、明確な目的があります。相手に誤解なく正しく伝える必要があるのです。

新入社員研修では、研修担当者から、学生から社会人になる意識付けと同時に、「敬語やビジネス上の言葉遣いを教えてほしい」という要望を多く受けます。

「ぼくのお母さんが…」、「あたしのおじいちゃんが…」と堂々と話す若者はいませんか?このような話し方は社会人としてNGです。「私の母が…」「私の祖父が…」と話すことが社会人としての常識です。正しい日本語を使うことは、ビジネスマナーの基本のきです。

新入社員研修で「敬語は苦手という人はいますか?」と聞くと殆どの受講生が手を挙げます。日常生活で敬語を使う機会がないからかもしれません。

敬語だけではありません。学生言葉、コンビニ言葉が染みついているようです。例えば、お客様との対話で「マジですか?」と話している新入社員に、上司が「そんな言葉遣いはないだろう」と指摘をしたら、「マジでございますか?」と言い直したというエピソードもありました。

実は、敬語を含め言葉遣いは意識次第でいかようにでも変えることができます。まずは日常生活の中で意識して話し、慣れることです。

ビジネスの現場では、正しい日本語が使えないだけでビジネスパーソンとしての資質が問われ、信用も信頼も失う可能性があります。「言葉遣いは心遣い」といい、話す人の人柄が表れるとも言われています。まず、日本語の基本、TPOをわきまえた言葉遣い、敬語の使い方を

再確認することをお勧めします。

⑵ TPOをわきまえたマナー

　前述したとおり、マナーとは「相手に不快感と不安感を与えない」ことです。

　身だしなみ・挨拶・返事は当たり前です。「だらしない服装」、「無愛想」、「挨拶をしない」、「名前を呼んでも返事がない」、「目を合わせない」、「声が小さく聞き取りにくい」…などの見た目や態度は、相手を不快にし、不安にさせます。

　マナー違反と言われないようにしてください。TPOに合わせた所作振舞いを身につけることはもちろんですが、形だけでなく「心」を具現化することが重要です。相手を大切に思う心、相手に心を残すことです。丁寧で温かい「心」を絡めた言葉や態度・所作振舞いには、思わず感謝の気持ちが出てきます。

　また、ビジネスの現場では、相手の国や状況を理解し、マニュアルではない臨機応変な対応力が求められることにも気付いてください。

　AIやIoT（モノのインターネット）等と共存していく時代だからこそ、人間力を磨き高めたいものです。

5. 第一印象を決める「最初の15秒」

　『人は見た目が9割』（竹内一郎著）。ベストセラーになったので記憶に残っている人もいると思います。この本の中で「メラビアンの法則」が紹介されています。

　米国の心理学者アルバート・メラビアンは、人の態度、行動、言動が他人にどのように影響を及ぼすかについて調査・研究を行いました。その結果、相手に及ぼす影響の要因としては、話の内容などの言語情報が7％、口調や話の速さなどの聴覚情報が38％、見た目などの視覚情報が55％の割合であるとの結果を得ました。つまり、話の内

容より、話し方・見た目の「聴覚と視覚」の情報で第一印象が決まるということです。

　ただし、話の内容がどうでもよいと言うことではありません。あなたが一番伝えたい話の内容は、まず外見（視覚と聴覚）を受け入れてもらわないと相手には伝わらないということです。外見で損をしないでください。

　「メラビアンの法則」は、この割合から「7-38-55のルール」や「言語情報＝Verbal」「聴覚情報＝Vocal」「視覚情報＝Visual」の頭文字を取って「3Vの法則」とも言われています。

　社会心理学のデータによると、第一印象は、出会った0コンマ数秒から長くても15秒で概ね決まると言われています。15秒という時間を聞いて、何か思い浮かびませんか？そうです。テレビCMです。これは、人の印象操作は15秒で決まるという分析を参考にしたものです。つまり第一印象は、深層心理に深く刻まれ、消えることなく残ってしまうのです。

　お気付きだと思いますが、自分の第一印象は、相手が勝手に思うのではなく、自分自身が相手に持たせている、与えているのです。最初の15秒で好印象を与え信頼を得れば、その後のコミュニケーションも円滑になり、次の仕事の展開に大きく繋がっていきます。あなたがどんなに素晴らしいテクニカルスキルを持っていたとしても、初めて会ったお客様には分かりません。お客様は、あなたの雰囲気や外見・表情を見て、瞬時に「感じが良いか悪いか」を感じ取るのです。

　是非、第一印象、身だしなみ・挨拶・名乗りを大切にしてください。

6. 衝動のコントロール：「6秒ルール」

　パワーハラスメントや新型コロナウィルス感染症などによるストレスで、イライラなどの「怒り」が引き金となるトラブルが後を絶ちません。

　無駄に怒らない・怒らせない秘訣は「間」の取り方です。間の取り方を知らずに、「間」のない対応をすることを、「間抜け」と言い、命

取りになります。怒りにまかせて放ったたった一言が、長年築いてき
た人間関係を失い、取り返しがつかない事態を招いてしまうこともあ
るのです。

　「怒り」の感情自体は必ずしも悪いものではありません。怒りに振
り回されずコントロールすることが大切です。近年、企業研修などに、
怒りの感情と上手に付き合うための心理トレーニング「アンガーマネ
ジメント」を取り入れる企業も増えています。アンガーマネジメント
とは、怒りで後悔しないこと、怒らなくなることが目的ではなく、怒
る必要のあることは上手に怒れるようになり、怒る必要のないことは
怒らなくてすむようになることです。

　諸説ありますが、怒りの発生と理性の発動には時間的なズレがあり、
怒りの感情が生まれた時、理性が介入して冷静になるまでに、6秒ほ
どかかると考えられています。6秒待つ、いわゆる「6秒ルール」です。
これは咄嗟の対処法として有効です。ムカッ、イラッとした時は、ま
ず6秒待ちましょう。心の中で「1,2,3…」とゆっくり6まで数えて
待つ。互いに冷静になるための冷却時間です。無用な争いも減り、円
滑な人間関係が保たれ、仕事が進むでしょう。

（出典：『[図解] アンガーマネジメント超入門 怒りが消える 心のトレーニング』安藤俊介著）

7. 集中力の持続時間：「3分間スピーチ」と「45分ルール」

　人の高度集中力の持続時間は通常3分、通常の集中力の持続時間は長
くとも45分と言われています。プレゼン、スピーチはまずは3分以内
を目途にし、公演、講演、授業、商談は45分でひと括りに考えましょう。

　スピーチの原則は「簡単に短く」です。テーマを明確にし、最も伝
えたいことを絞り込むことです。情報量が多いと相手に伝えたい内容
が却ってぼやけてしまいます。話す際は、第一声（第一印象）が肝心
です。聞き取りやすい声・言葉・話し方を意識し、3分間でいかに心
に響くキーワードを自分の言葉で提供するかがポイントです。

　また、自由意志の集中力は15分間とも言われています。授業やセミナーなどは、ある程度義務的に参加するものですが、より自分の判断で視聴するドラマ等は15分を目安にしています。例えば、NHKの朝ドラ、定時のニュース報道は15分あるいはそれ以下の時間で設定されています。国税庁の広報動画番組、Web-TAX-TVも、基本として1作品15分程度を目安に作成しました。もう少し見たい、聞きたいと視聴者に思わせるぐらいが最適だということです。

　ところで、小学校、中学校、高校の授業は、なぜ1コマ45分程度になっているのでしょうか。受動的に受ける話の場合、一般に人は45分までが集中力の限界と長年の経験則から見出されたのでしょう。ちなみに、私たちが主宰している朗読劇「未来へ」（https://www.miraihe.org）は、聴衆の持続可能な集中時間を考慮して、つまり45分ルールを考慮して、1公演45分余りの作品に仕上げています。

　スピーチは3分間、プレゼンは15分間、講演や授業は45分間、聞き手のニーズ、TPOに応じて、これらの時間を目安にするとよいでしょう。

　会議の時間も長ければよいというものではありません。コスト意識も大切です。

8.「5分前精神」で約束厳守・信頼獲得

　ビジネスでは、まず自己管理（健康管理・時間管理・勤怠管理）をすることが必須です。ここでは、この中の時間管理についてお話します。

　時間＝信用であり、時間＝お金です。約束の厳守が第一のビジネスマナーであり、その典型的な行動が時間管理の徹底です。時間管理のための具体的な行動習慣として、約束時間の5分前到着をお勧めします。

　約束を必ず守ることが信頼獲得の第一条件であり、その姿勢を徹底するための心掛けが5分前の精神なのです。税務職員は、税務大学校での1年目に、ビジネスマナーを徹底的にたたき込まれます。「親し

まれる税務署、税務職員」になるために、何よりも納税者への思いや
りを持つ姿勢を学び、納税者から信頼される役人になることを教育さ
れます。その信頼獲得の第一条件は約束を守ること。そして、約束を
守る習慣のために、日頃から約束時間の5分前には約束した場所に到
着しておくことです。税務大学校の授業や会議は開始5分前には着席
することを徹底します。なお、査察官は10分前の精神が普通であり、
中には、現地の下見を兼ねて1時間前、2時間前に集合場所に到着す
る習慣を身に付けた職員も多数います。

　税務職員に限らず、どの業種・職種であっても、ビジネスマナーの
第一歩は、時間厳守・約束厳守です。

9.「報・連・相」、「メモ」と「復唱確認」

　ビジネスの掟は多々あります。ここでは、円滑な仕事、信頼される
仕事を進めていくための掟のいくつかを再確認します。

⑴ 「報告・連絡・相談」

　まず、「報告・連絡・相談」。略して「報・連・相（ホウレンソウ）」
です。古くから社会人のイロハのイとして教えられてきた鉄則です。
組織の中では、とくに部下は上司に、報告、連絡、相談を怠らないこ
とを教育されてきました。最新の新入社員研修では「報・連・相」に
「伺い・確認」（後追い）を加えています。
　① 指示を出した人に必ず報告する。
　② 事実のみを正確に要点をついて要領よく伝える。
　　　脚色はしない。報告を受けた側が誤った判断をしないためです。
　③ 長引く仕事は中間報告をする。
　　　適時に報告をすることにより、アドバイスや他の情報も得られ
　　ます。
　④ クレームなどマイナス情報は速やかに報告する。

「悪いことこそ早く」です。ミスやトラブルは報告が早ければ早いほどその対応が早くでき、事態の悪化を食い止められるからです。自分だけの問題ではありません。仕事は会社にきたものです。

重要な連絡や報告のメールの「送りっぱなし」はNGです。そのメールに相手が気付かず、トラブルやクレームになってしまうこともあるからです。相手の立場に立って後追い（伺い・確認）の習慣を身に付けましょう。

⑵ 「メモ」

仕事の流儀として、「メモ取り」も必須です。近頃は、ITツールの普及の弊害で、メモ取り、記録取りの習慣が失われてきているようです。役所でも、会社でも、学校でも、できる職員、できる学生は皆、メモ取り、整理術が巧みです。

メモ取りの効用を、単に記録や記憶のためと考えることは間違いです。メモを取ることで、集中力の維持や頭の整理ができ、要点をまとめる力も身に付きます。そして、新たな発想も生まれ、対外説明や報告も要領を得たものになり、結果として周囲や上司から信頼を勝ち取ることになるのです。今、メモ取りの習慣のない皆さんに、もう一度繰り返します。「できる人はメモ取りがうまい」。

⑶ 「復唱確認」

もう一つ、「復唱確認」です。人間の注意力、集中力、記憶力は案外不十分なものです。「言った」「言わない」というトラブルをなくすためにも、復唱確認は大切です。自分は優秀だと思っている人も、この復唱確認の習慣を身に付けることで、安易な誤りを必ず防ぐことができます。ましてや、自分はそこそこと思っている人は、無用なケアレスミスを避けられるようになり、周囲からは有能な人財として評価されることになるでしょう。

　また、復唱確認をすることで、相手が、言い間違ったことに気付くこともあります。失敗しない人はいません。失敗をいかに最小にとどめるか。復唱確認はそのための方法です。

10. 自分で作る心と姿勢「セルフマネジメント」

(1) 好きになること、楽しむこと

　働く目標や目的を明確にして仕事に取り組むことは大切です。仕事は好きなこと、やりたいことだけではありません。与えられた仕事に誠実に向き合い、自分のキャリアに繋げていくことです。

　論語「これを知る者はこれを好むものに如かず、これを好むものはこれを楽しむものに如かず」

　仕事や受験勉強で成果を上げるコツは、まず知識を人より少し多く身に付けることです。知ることにより、得意にすることができます。そして、得意にできれば、満足感がアップします。まずは、地道に知ること、時間をかけることが入口です。次に、好きになること。好きこそものの上手なれ。好きになれば成果は格段にアップします。自己暗示でもいいのです。この仕事、勉強は好きだと思うことです。そして、楽しむこと。楽しくやる、楽しむことでアドレナリンの分泌は100％を超えます。スポーツも、仕事も、勉強も、やらされている、義務感、強制という受け身の時の効果は薄いのです。自ら楽しく取り組むこと。これが一番の対処法です。

　やりたい仕事がやれるようになる、なりたい自分になるためには、へこんでいる時間はもったいないです。楽しみながらやり続ける、チャレンジし続ける意識と考動（自ら考えて行動する）が自己実現に繋がっていきます。

(2) プラス表現

　ポジティブな言葉や考動がビジネスの成功のカギです。

　否定語は使わない、肯定的に話す、ポジティブな「プラス表現」を心掛けることが重要です。否定語ばかり使っていると自分のモチベーションが下がるだけでなく、周りのモチベーションも下がります。組織全体に、迷惑です。

　「時間がない」、「人がいない」、「場所がない」、「予算がない」等と、できない理由や言い訳を並べる人がいます。あなたはどうしますか？可能性を模索するのがプロです。あなたの知恵・アイデア・創意工夫を発揮してください。新入社員研修で「向き不向きより、前向き」と発言した受講者がいましたが、まさにそのとおり。「やってみます」という言葉や姿勢を見せることで、新展開が生れ、周囲からの信頼も得られるようになります。お客様、上司、部下、仲間は、あなたの姿勢、信頼度を常に見ているのです。

(3)　夢と目標を持ち、感動のある人生を

　常に夢を持つ人生、夢を前提として目標を立て、その実現に努めること、諦めないことです。夢をノートに書くことをお勧めします。一流選手や有名芸能人も実践していることです。

　夢と感動が、人生を豊かにします。感動の涙は、事物、事態に共感する思いと心のやさしさから出るものです。感動し涙を流す、そういう機会を持つことが心豊かな人生を持つ秘訣です。ノンフィクションドラマ、映画、舞台、スポーツ観戦、高校野球の球児の涙とその涙を見て涙する人、皆やさしさの証明です。感動の涙は心にオアシスを提供します。夢と感動のある人生を！

(4)　みんな違ってみんな良い

　「鈴と小鳥と、それから私、みんなちがって、みんないい」。これは、金子みすゞの詩です。

　他人と比較しない。自分自身にチャレンジし、自分の存在価値を高

めることが一番の道です。オールマイティ、すべてに100点を取る必要はありません。

小説『ハイドアンドシーク2』（伏見俊行著）の中で、次のような話が出てきます。「5科目すべてに100点を取ろうとすることは、大変だし、無理もある。他の4科目は、及第点の60点で良い。すべてに満点を取ろうとせず、1科目についてだけ150点を目指すこと。その方が価値がある。与えられた仕事のすべてで100点を取ることより、1つの大切なターゲットについてオーダーを超えたプレミアムの仕事を達成することを心掛けること。世の中、そういう人間が大成功する。」

人生100年の時代です。AI（人工知能）、IoT（モノのインターネット）etcと共存しながら、生涯現役で生き活き意気と働くために、10のポイントを再確認し、人間力を磨き、高めましょう。

最後に、企業研修の折にお伝えしている『仕事が上手くいく人の8つの「あ」』を特別に紹介します。是非、仕事の潤滑油として実践してみてください。

～仕事が上手くいく人の8つの『あ』～

1. 挨拶ができる
2. ありがとうが言える
3. 謝れる
4. 頭を下げられる
5. 新しいことに取り組む
6. 後回しにしない
7. 後追いする（※やりっ放しにしない）
8. あきらめない

◆ 執筆分担と執筆者紹介 ◆

────────《第1部　税務対応のポイント及び参考》────────

伏見　俊行（ふしみ・としゆき）

早稲田大学大学院会計研究科教授、日本大学大学院経済学研究科非常勤講師、iTAX税理士法人代表社員、For All Future 合同会社代表社員、日本インドネシア税務交流会代表、朗読劇「未来へ」主宰

早稲田大学政治経済学部卒。国税庁入庁後、知覧税務署長、JETROサンフランシスコセンター所員、インドネシア国税総局顧問、中国中央財経大学大学院教授、国税庁相互協議室長、資産評価企画官、広報広聴官、国際業務課長、調査査察部調査課長、金沢国税局長などを歴任。退官後、日本大学経済学部/大学院経済学研究科教授を経て、現職。

著書：「税と社会貢献入門」、小説「それからの特攻の母」、「ハイドアンドシーク（国際的租税回避を追え）」、「ハイドアンドシーク2（繰り返される国際的租税回避）」など多数。

────────《第2部　税務対応の留意事項Q&A》────────

1　所得税の対応

井口　眞孝（いぐち・まさのり）

井口眞孝税理士事務所、iTAX税理士法人顧問、税理士

外国人技能実習生受入監理団体外部監査人、専門職成年後見人。

1974年名古屋国税局採用、個人所得税事務、税務大学校教授、名古屋国税局国税広報広聴室長、熊本国税局阿蘇税務署長、名古屋国税局企画課長、同税務相談室長、磐田税務署長、浜松西税務署長を歴任。2016年井口眞孝税理士事務所開業、現在に至る。

2 法人税の対応

金森 勝（かなもり・まさる）

株式会社タックスコンサルティング代表取締役、iTAX税理士法人顧問、税理士

国税庁・東京国税局の主要ポストを歴任。特に東京国税局では広報室長・総務課長・課税第二部次長・日本一大きな渋谷税務署長を歴任。2016年金森勝税理士事務所開設、2018年株式会社タックスコンサルテイング代表取締役就任、現在、法人税、国際課税、企業組織再編、事業承継分野の支援を行うほか、大学・各種セミナー・研修会、オンライン講座の特別講師等として活躍。

主な著書：「民法改正対応・契約書式の実務」（創耕舎2019年）共著、「事業承継の進め方」（あさ出版2021年3月）、経済界「ザ・税務『知って得しま専科』」（2019年6月号から2020年5月号連載）連載など。

3 消費税の対応及び7 移転価格課税の対応

小林 正彦（こばやし・まさひこ）

iTAX税理士法人代表社員、税理士

1980年から26年間国税庁勤務。移転価格・APA案件の相互協議、法人税・個人所得税・源泉所得税等調査、OECD・国際協力関係事務に従事。2006年税務大学校教授を最後に退官、デロイトトーマツ税理士法人移転価格部門パートナー、2017年現iTAX税理士法人（旧国際税務支援サービス税理士法人）の設立に参画。代表社員として現在に至る。現在、移転価格のほか、中小企業に対して税務全般に関する支援を提供している。

著書：「Q&A税務調査のすべて」（清文社2012年）共著、「移転価格税制と税務マネジメント」（清文社2011年）共著、「アジア税の基礎知識」（税務研究会2016年）共著ほか。

4 相続税・贈与税の対応

与良　秀雄（よら・ひでお）

千葉商科大学客員教授（会計ファイナンス研究科）、与良秀雄税理士事務所、iTAX税理士法人顧問

国税庁資産課税課課長補佐、川越税務署副署長、国税不服審判所副審判官、関東信越国税局広報広聴室長、日立税務署長、人事第二課長、課税総括課長、課税第一部次長、徴収部長を歴任。2016年与良秀雄税理士事務所開設。

著書：「空き家譲渡の3,000万円控除の特例　早わかり」（大蔵財務協会2017年）、「非上場株式の評価と活用の留意点Q&A」（税務研究会出版局2018年）、「評基通によらない財産評価—「特別の事情」の存否」（新日本法規2019年）共著など多数。

5 事業承継税制の対応

髙藤　一夫（たかふじ・かずお）

Crossborder税理士法人代表社員、税理士

国税庁及び国税局において主に資産税事務に従事。玉川税務署長、東京国税局企画課長、同資産課税課長、同総務課長を歴任2020年国税庁資産評価企画官を最後に退官。

著書：「図解相続税・贈与税」（大蔵財務協会2017年）、「図解譲渡所得」（大蔵財務協会2017年）ほか。

6 国際課税の対応

澤田　耕（さわだ・こう）

澤田耕税理士事務所、iTAX税理士法人顧問、税理士

国税庁調査査察部調査課で通算16年間、大法人及び外国法人の主に国際課税に係る事務運営の企画立案に従事。その後、東京国税局調査第一部主任国際調査審理官、統括国税調査官（移転価格担当）、国際情報第二課長（現事前確認審査課長）、国際情報第一課長（現国際課長）、国際調査課長（現国際調査管理課長）、武蔵野税務署長、国際監理官、練馬税務署長を経て平成27年7月退官。平成27年8月澤田耕税理士事務所を開設し、現在に

至る。

著書：「アジア税の基礎知識」（税務研究会2016年）共著、月刊「税理」、月刊「国際税務」に定期的に寄稿、国際課税に関するセミナー講師。

参考　おさえておきたいビジネスマナー　10のポイント

吉田　美香子（よしだ・みかこ）

フリーアナウンサー・講師・コンサルタント、For All Future 合同会社代表社員

民放局アナウンサーとして勤務後、フリーに。政府広報番組司会、情報番組リポーター、ナレーターとして活躍後、セミナー、シンポジウム、式典、イベントの司会・ナレーターの傍ら、後進の育成に従事。2005年から教育専門会社 ed1（education only one）の認定講師として全国の官公庁・学校・企業の意識改革・教育の研修に携わる。業種・職種を超え、幅広い年齢層の研修を担当。企業・サービス業のコンサルタント、イベントコーディネーターとしても活動中。

中小企業&資産家のための
税目別　誤りやすい税務への対応Q&A【第2版】

令和6年3月21日　第1刷発行

　　編　著　伏見　俊行

　　発　行　株式会社ぎょうせい

　　　　〒136-8575　東京都江東区新木場1-18-11
　　　　URL：https://gyosei.jp

　　　　フリーコール　0120-953-431
　　　　ぎょうせい　お問い合わせ　検索　https://gyosei.jp/inquiry/

〈検印省略〉

印刷　ぎょうせいデジタル（株）　　　　　　　　©2024　Printed in Japan
※乱丁・落丁本はお取り替えいたします。
ISBN978-4-324-11390-5
(5108943-00-000)
〔略号：資産家税務Q&A(2)〕